PESSOA COM DEFICIÊNCIA E TELETRABALHO
Um olhar sob o viés da inclusão social
— reflexões à luz do valor social do trabalho e da fraternidade —

Conselho Editorial
André Luís Callegari
Carlos Alberto Molinaro
Daniel Francisco Mitidiero
Darci Guimarães Ribeiro
Draiton Gonzaga de Souza
Elaine Harzheim Macedo
Eugênio Facchini Neto
Giovani Agostini Saavedra
Ingo Wolfgang Sarlet
Jose Luis Bolzan de Morais
José Maria Rosa Tesheiner
Leandro Paulsen
Lenio Luiz Streck
Paulo Antônio Caliendo Velloso da Silveira

B917p   Bublitz, Michelle Dias.
   Pessoa com deficiência e teletrabalho: um olhar sob o viés da inclusão social: reflexões à luz do valor social do trabalho e da fraternidade / Michelle Dias Bublitz. – Porto Alegre: Livraria do Advogado Editora, 2015.
   125 p.; 23 cm.
   Inclui bibliografia.
   ISBN 978-85-7348-936-1

   1. Direito do trabalho - Pessoas com deficiência. 2. Teletrabalho. 3. Inclusão social. 4. Direitos fundamentais. I. Título.

   CDU   349.2-056.26(81)
   CDD   344.810159

   Índice para catálogo sistemático:
   1. Direito do trabalho: Brasil:
      Pessoas com deficiência   349.2-056.26(81)

(Bibliotecária responsável: Sabrina Leal Araujo – CRB 10/1507)

Michelle Dias Bublitz

PESSOA COM DEFICIÊNCIA E TELETRABALHO
Um olhar sob o viés da inclusão social
— reflexões à luz do valor social do trabalho e da fraternidade —

Porto Alegre, 2015

© Michelle Dias Bublitz, 2015

Edição finalizada em agosto/2014

Projeto gráfico e diagramação
Livraria do Advogado Editora

Revisão
Rosane Marques Borba

Direitos desta edição reservados por
Livraria do Advogado Editora Ltda.
Rua Riachuelo, 1300
90010-273 Porto Alegre RS
Fone/fax: 0800-51-7522
editora@livrariadoadvogado.com.br
www.doadvogado.com.br

Impresso no Brasil / Printed in Brazil

Ao meu avô Celino Andrade Dias,
... descobri que tínhamos um sonho em comum ...
me orgulho de continuá-lo e te prometo
fazer sempre meu melhor!

Agradecimentos

Todo esforço despendido nesse trabalho não é fruto de um único par de mãos. Pude contar com o auxílio de vários, cada um com suas peculiaridades, que não devem ser esquecidas. Por isso, dedico este espaço para demonstrar minha gratidão àqueles que, de uma forma ou outra, tornaram os passos da minha caminhada mais tranquilos.

À Profa. Dra. Denise Pires Fincato, pela parceria ao longo dessa trajetória acadêmica, pela sensibilidade ao lidar com as mais diversas situações de vida que nos foram postas à prova, criando uma relação segura e atenta entre mestre e aluno, criando vínculos afetivos e intelectuais indissociáveis, não me furtando em agradecer pela aquilatada e segura orientação da presente pesquisa.

Ao Prof. Dr. Ingo Wolfgang Sarlet, pela generosidade e salutar convívio durante o curso de Mestrado, cuja interlocução intelectual e afetiva fez meu crescimento profissional e pessoal se tornar mais proveitoso. Seu caráter e profissionalismo são fontes de constante inspiração. Sobretudo, por ter enriquecido parte da presente pesquisa com suas lições e debates quando se dispôs fraternalmente a me coorientar. E, de maneira especial, por acreditar e confiar na potencialidade do trabalho que resultou neste livro.

Ao Prof. Dr. Luiz Alberto David Araujo e ao Prof. Dr. Rodrigo Coimbra Santos, pelas atenciosas arguições na banca de defesa de Mestrado, que muito contribuíram para o aprimoramento da pesquisa.

Ao Walter Abel Filho, ao Valmor Bortoloti, à Livraria do Advogado Editora, por tornar possível um sonho ser uma realidade: este livro.

À Coordenação de Aperfeiçoamento de Pessoal de Nível Superior – CAPES e ao Conselho Nacional de Desenvolvimento Científico e Tecnológico – CNPq pela concessão da bolsa de estudos. Ao Programa de Pós-Graduação em Direito da Pontifícia Universidade Católica do Rio Grande do Sul – PPGD PUCRS pelo apoio à qualificação. À Secretaria do PPGD, em especial à Caren Andrea Klinger, pelo acolhedor convívio.

Aos professores e colegas (Mestrado e Doutorado) do PPGD da PUCRS pelas horas insubstituíveis de aprendizado, convivência e troca de experiências.

Ao meu amor, que no momento mais difícil 'desta' caminhada me deu o empurrão necessário para que eu não desistisse. Teu apoio, tuas palavras de incentivo foram minha força para seguir em frente. Ver você na plateia sempre pronto a vibrar com cada pequeno passo conquistado, me fez ter persistência para continuar lutando pelos meus objetivos.

De modo muito especial, aos meus familiares e amigos, o mais puro afeto e gratidão pelos esforços conjuntos e as mais diversas formas de contribuição, sem o que não seria possível finalizar a dissertação que deu origem a este livro.

Prefácio

O impacto da ciência e da tecnologia sobre o Direito de há muito ocupa o teórico e o prático, embutindo uma exigência de permanente inovação também no Direito. Tal impacto e a paralela carência de ajustes e inovação apenas se tornaram ainda mais prementes e dinâmicos – quase de caráter permanentemente emergencial – mediante o advento e formidável expansão da internet e no contexto da assim chamada Sociedade da Informação. As relações de trabalho (e com isso também o Direito do Trabalho), é claro, não poderiam ter ficado imunes a tais processos, resultando, dentre outros aspectos, no fenômeno do assim designado teletrabalho, por sua vez, acompanhado de virtudes e malefícios, com reflexos na própria dignidade da pessoa humana do trabalhador.

O presente texto, que ora temos o privilégio e a alegria de prefaciar, da lavra da jovem Mestre e Pesquisadora Michelle Dias Bublitz, justamente buscou enfrentar um dentre tantos aspectos relevantes e problemáticos que envolvem o teletrabalho, mediante uma oportuna e feliz conjugação com outro tema de alto impacto e atualidade, que é o do respeito, proteção e promoção dos direitos humanos e fundamentais das pessoas com deficiência. Buscando, à luz dos princípios da dignidade da pessoa humana e do valor social do trabalho, sem, contudo – e de modo adequado – negligenciar a livre iniciativa e a tendencial simetria entre capital e trabalho consagrada pela Constituição Federal de 1988, apresentar, avaliar e discutir o problema da exclusão a que se encontram submetidos, comparativa e modo particularmente intenso, as pessoas com deficiência, designadamente na esfera das relações de trabalho, a Autora logrou construir uma narrativa bem articulada e construída, a partir de sólido marco teórico, rica e atualizada bibliografia, e sempre afinada com os parâmetros normativos postos pela Constituição Federal e pela Convenção

Internacional sobre os Direitos das Pessoas com Deficiência. Tal Convenção, ratificada com valor equivalente ao de uma emenda constitucional pelo Brasil, mas ainda muito longe de experimentar níveis razoáveis de eficácia (em virtude da tímida aplicação dos tratados de direitos humanos no Brasil) e mesmo de efetividade, no sentido de eficácia social, foi objeto de especial atenção por parte da Autora, que, além disso, não se furtou a uma tomada de posição pessoal e não descuidou de assegurar ao trabalho um perfil crítico e propositivo.

Convém sublinhar que o texto, ressalvados alguns ajustes, corresponde à dissertação de Mestrado apresentada por Michelle Dias Bublitz no âmbito do Programa de Pós-Graduação em Direito da Pontifícia Universidade Católica do Rio Grande do Sul – PUCRS, sob a respectiva orientação (Profª. Drª. Denise Pires Fincato) e coorientação (Prof. Dr. Ingo Wolfgang Sarlet) e de cuja banca de defesa participaram os professores doutores Rodrigo Coimbra Santos e Luiz Alberto David Araujo, tendo obtido a merecida aprovação com voto de louvor.

Mas embora o prefácio tenha por objeto em si o texto que ora se apresenta ao público, é o caso de enfatizar o quanto Michelle Dias Bublitz, agraciada, por seus méritos, com bolsa CAPES e CNPq, se revelou uma discente e pesquisadora séria e dedicada, engajada nas atividades do Mestrado e já precocemente preocupada em manter uma produção técnica e bibliográfica indispensável a quem pretende seguir uma trajetória acadêmica, do que dão conta já as publicações de nossa jovem e promissora Autora.

Assim, desejando que Michelle Dias Bublitz e sua nova obra tenham a merecida acolhida e possam lograr obter o desejável impacto social, externamos os nossos votos de felicidade e sucesso.

Porto Alegre, agosto de 2014.

Profª. Drª. Denise Pires Fincato
Prof. Dr. Ingo Wolfgang Sarlet

Sumário

Apresentação – *Luiz Alberto David Araujo* 13

Introdução..15

1. A pessoa com deficiência e o direito ao trabalho...17
   1.1. A busca por uma nomenclatura desprovida de preconceitos........................17
   1.2. O conceito de deficiência: a ressignificação do termo capacidade................22
   1.3. A trajetória histórica das pessoas com deficiência: da rejeição à aceitação.......30
   1.4. Evolução na ordem jurídica: a busca pelo direito ao trabalho da pessoa com deficiência..35
   1.5. Reconhecimento do direito ao trabalho como um direito fundamental social...41
      1.5.1. Digressões terminológicas..41
      1.5.2. Direito fundamental social ao trabalho como desdobramento da dignidade da pessoa humana..45
      1.5.3. A dignidade da pessoa humana como catalisadora do direito à igualdade..61

2. Teletrabalho: o desafio da inclusão social da pessoa com deficiência – reflexão crítica a partir do valor social do trabalho e da fraternidade........................69
   2.1. Valor social do trabalho..69
   2.2. Transformações no mundo do trabalho: a significação para a sociedade.........71
   2.3. Considerações teóricas sobre o teletrabalho...79
   2.4. Regulamentação do teletrabalho no Brasil a partir do direito comparado........85
   2.5. Vantagens e desvantagens do teletrabalho...94
   2.6. Reflexão crítica sobre a inclusão social das pessoas com deficiência por meio do teletrabalho a partir do valor social do trabalho e da fraternidade............96

Conclusão..115

Referências bibliográficas..117

Apresentação

O último Censo no Brasil apontou que quase um quarto da população brasileira apresenta alguma deficiência. Esse número deveria colocar o tema na agenda central das políticas públicas. Mas, infelizmente, não é assim que ocorre. A questão da deficiência não vem ocupando o espaço que deveria. Salvo raras exceções, as políticas públicas têm deixado para trás o tema. Basta anotar a ausência de acessibilidade nas cidades brasileiras. São excepcionais as cidades que colocam o tema da acessibilidade como prioridade da fiscalização.

No entanto, a Universidade tem procurado ocupar esse espaço, trazendo o tema da deficiência para dissertações e teses. Esse acolhimento tem sido uma constante em Programas preocupados com a inclusão social, como é o caso da Pontifícia Universidade Católica do Rio Grande do Sul. O tema da dignidade tem sido estudado, permitindo diversas extensões: é o caso do presente livro. Feita a defesa de seu trabalho, a agora Mestra Michelle Dias Bublitz, publica a obra "Pessoa com deficiência e teletrabalho: um olhar sob o viés da inclusão social (reflexões à luz do valor social do trabalho e da fraternidade)". Traz o tema da dignidade tratado pelo viés da pessoa com deficiência e o mercado de trabalho. Não se contenta em mencionar apenas o direito ao trabalho, mas avança, cuidando de tema ainda mais específico, revelando cuidado e modernidade. Cuida do teletrabalho, tendência moderna, que permite o desenvolvimento da atividade laboral para quem tem dificuldade de locomoção, por exemplo. Dentro desse escopo, o trabalho revela sensibilidade, cuidando de um grupo vulnerável e procurando analisar o tema diante do trabalho, como forma de dignidade. E um direito ao trabalho atual e muito próximo da realidade, trazendo problemas do quotidiano. O sub-título ajuda na compreensão do conteúdo do livro, porque fala de inclusão social e fraternidade. Não deixa apenas o tema no plano teórico, mas envolve os colegas de trabalho, o ambiente de trabalho, dando à pessoa com deficiência o espaço adequado para a sua inclusão social pelo trabalho e pelo convívio. Não é uma obra que trata apenas da relação de trabalho e das pessoas com deficiência. Vai além, propõe a presença de solidariedade. Propõe um olhar do outro na relação de trabalho e no espaço de trabalho. Fiquei muito contente em ter sido escolhido pelos orientadores do trabalho, Professores Doutores Denise Pires Fincato e Ingo Wolfgang Sarlet para compor a banca examinadora. O convite para a banca examinadora me proporcionou conhecer o trabalho, discutir com a candidata, que se mostrou muito competente e firme em suas proposições e, enfim, aprovar com excelente conceito a dissertação, que deu origem ao livro. E, por isso, posso afirmar que se trata de um livro agradável, progressista e atual. Espero que todos façam uma boa leitura. E aproveitem os ventos inspiradores do trabalho, fruto da produção de um Programa de Pós-Graduação envolvido com o compromisso de solidariedade, orientado por docentes competentes e realizado por uma jovem pesquisadora que nos envolve com seu entusiasmo e compromisso social.

Luiz Alberto David Araujo
Professor Titular de Direito Constitucional da PUC-SP

Introdução

Vive-se numa sociedade em que paradigmas são constantemente transformados; se, por um lado, a humanidade atingiu um patamar de desenvolvimento científico e tecnológico, por outro, os mais primitivos problemas sociais ainda persistem como reluzentes. Enquanto valores como dignidade e igualdade foram alçados ao patamar de princípios fundamentais e reconhecidos por praticamente a unanimidade das civilizações, a sua implementação está longe de ser efetiva, permanecendo como mera elocução retórica. O que permanece inalterado é a condição humana.

A realidade revela uma mudança de paradigma manifestada em um novo ambiente de trabalho descentralizado dos centros de produção e centralizado no conhecimento e na informação. Uma das afirmações mais corretas que pode ser feita é a de que a maneira de exercer a atividade laboral sofreu grandes modificações diante das revoluções sociais vivenciadas nos últimos séculos. O século XXI apresenta algumas mudanças e tendências que, pelo uso das novas tecnologias, alteram estruturalmente a forma de conviver, de se comunicar, de ensinar, de aprender e de trabalhar.

A partir deste contexto, pretende-se desenvolver algumas considerações acerca de uma das atividades humanas que, se não a mais relevante, confere suporte a toda estrutura sobre a qual se assenta a sociedade: o trabalho humano; investigando qual o papel da inserção ao trabalho enquanto fomentador da inclusão social.

Como essência da exposição, concentram-se esforços no estudo do sentido e alcance da noção de trabalho humano inserida na Constituição Federal brasileira de 1988; especificamente, sobre o significado do direito fundamental ao trabalho previsto no artigo 6º do texto constitucional (o porquê da sua natureza jusfundamental).

Construído o alicerce da investigação doutrinária, isto é, depois de justificar a fundamentalidade material do direito ao trabalho, demonstrando sua convergência ou necessária vinculação com o princípio da dignidade da pessoa humana, partir-se-á para a análise da sua classificação normativa, da natureza da norma extraída a partir do enunciado linguístico contido no artigo 6º da Constituição Federal vigente, e de suas possíveis funções normativas. Em outras palavras, o princípio da dignidade da pessoa humana nutre e perpassa todos os direitos fundamentais que, em maior ou menor medida, podem ser considerados como concretizações suas. Nessa linha de raciocínio, os direitos fundamentais surgiram como categorias que, por expressar necessidades sociais, permitem suscitar um consenso sobre sua justificação.

Com efeito, a partir da identificação do indivíduo como um ser dotado de dignidade própria, esta sua característica essencial não pode mais ser vista apenas de maneira abstrata, como um qualificativo atemporal. A rigor, a dignidade humana se confunde com o próprio indivíduo, interagindo dinamicamente, apresentando-se ora mais intensamente, ora menos, nas relações sociais constituídas nas suas experiências de vida. E é justamente nesse sentido que o trabalho pode ser considerado um dos reflexos mais importantes da dignidade da pessoa humana. Até mesmo porque, como se verá no desenvolvimento do texto, o trabalho, no decorrer da história, passa a ser estimado como um elemento inexorável à formação do autorrespeito do indivíduo e à sua inserção na estrutura social.

A persistência e a longevidade da desigualdade social são atributos característicos da experiência histórica. Diante delas, indivíduos, movimentos sociais, instituições, pesquisadores, profissionais das mais diversas áreas e ativistas têm buscado compreensão e respostas para um sem-número de questões e desafios, expressões concretas das desigualdades de toda ordem que marcam o cotidiano pessoal, institucional, político, econômico e social.

Diante desses extremos, o objetivo do presente texto é apresentar uma colaboração incisiva, ao chamar a atenção para o conteúdo essencial do direito fundamental social ao trabalho, com enfoque às pessoas com deficiência, ao realizar uma reflexão crítica sobre: o teletrabalho, como mecanismo de inserção no mercado de trabalho e possível exclusão social, face ao princípio do valor social do trabalho visualizado sob a perspectiva do princípio da fraternidade.

1. A pessoa com deficiência e o direito ao trabalho

1.1. A busca por uma nomenclatura desprovida de preconceitos

A expressão "pessoa com deficiência" foi adotada oficialmente a partir da Convenção sobre os Direitos das Pessoas com Deficiência[1][2] (Resolução n. 61/106), assinada, pela ONU, em 30 de março de 2007, a qual entrou em vigor em 03 de maio de 2008, eis que subscrita e ratificada pelo Brasil. Referida Convenção foi aprovada pelo Congresso Nacional brasileiro no dia 09 de julho de 2008 (Decreto Legislativo n. 186/2008) e, posteriormente, foi promulgada pela Presidência da República em 25 de agosto de 2009 (Decreto n. 6.949/2009). Em relação ao Brasil, trata-se do primeiro documento internacional de direitos humanos que adquiriu status de norma constitucional, uma vez que, nos termos do artigo 1º do Decreto n. 6.949/2009, a referida Convenção foi aprovada nos moldes do parágrafo 2º do artigo 5º da Constituição Federal.[3][4][5]

---

[1] BRASIL. Decreto n. 6.949, de 25 de agosto de 2009. *Convenção sobre os Direitos das Pessoas com Deficiência e seu Protocolo Facultativo*. Disponível em: <http://www.planalto.gov.br/ccivil_03/_ato20072010/2009/decreto/d6949.htm>. Acesso em: 14 jan. 2014.

[2] Por razões metodológicas, optou-se por não se proceder à análise de cada uma das previsões normativas da Convenção sobre os Direitos das Pessoas com Deficiência, eis que composta por 50 artigos, afora o seu Protocolo Facultativo, que inclui mais 18 disposições. A ênfase está direcionada para a análise do conteúdo de alguns dispositivos de suma importância no âmbito do sistema internacional de proteção dos direitos das pessoas com deficiência.

[3] Art. 5º, § 2º Os direitos e garantias expressos nesta Constituição não excluem outros decorrentes do regime e dos princípios por ela adotados, ou dos tratados internacionais em que a República Federativa do Brasil seja parte. BRASIL. *Constituição da República Federativa do Brasil de 1988*. Disponível em: <http://www.planalto.gov.br/ccivil_03/constituicao/ConstituicaoCompilado.htm>. Acesso em: 14 jan. 2014.

[4] Para detalhes, ver: MAZZUOLI, Valério de Oliveira. *Curso de direito internacional público*. 3. ed. rev. atual. e ampl. São Paulo: RT, 2009. p. 768-776.

[5] Em específico, ver: MAZZUOLI, Valério de Oliveira. *A tese da Supralegalidade dos Tratados de Direitos Humanos*. Disponível em: <http://ww3.lfg.com.br/public_html/article.php?story=20090403112247716&mode=print#1>. Acesso em: 04 fev. 2014.

Pode-se afirmar, inclusive, que se trata do primeiro e único documento internacional de direitos humanos com caráter de Emenda Constitucional no Brasil, conforme estabelece o artigo 5º, parágrafo 3º, da Constituição Federal.[6][7][8]

Referida expressão veio a substituir outras, a saber: "pessoa portadora de deficiência"[9] (presente em várias passagens da Constituição Federal de 1988,[10] como por exemplo: art. 7º, inc. XXXI; art. 23, inc. II; art. 24, inc. XIV; art. 37, inc. VIII; art. 203, incs. IV e V; art. 227, § 2º, e art. 244, caput) e "portador de deficiência" (art. 40, § 4º, inc. I; art. 201, § 1º; art. 227, § 1º, inc. II, da CF/88). Sandro Nahmias Melo, seguindo a mesma linha de pensamento, também sugere a utilização da expressão "portador de deficiência".[11]

Há, todavia, nas palavras de Cibelle Linero Goldfarb, uma falha na expressão "portador de deficiência", na medida em que o termo "portador", ao mesmo tempo que enfatiza inicialmente a pessoa humana, sublinha como característica que tal porta (carrega, possui) uma

---

[6] Art. 5º § 3º Os tratados e convenções internacionais sobre direitos humanos que forem aprovados, em cada Casa do Congresso Nacional, em dois turnos, por três quintos dos votos dos respectivos membros, serão equivalentes às emendas constitucionais. (Incluído pela Emenda Constitucional n. 45, de 2004). BRASIL. *Constituição da República Federativa do Brasil de 1988*. Disponível em: <http://www.planalto.gov.br/ccivil_ 03/constituicao/ConstituicaoCompilado.htm>. Acesso em: 14 jan. 2014.

[7] Cf. texto disponível em: <http://www4.planalto.gov.br/legislacao/internacional/tratados-equivalentes-a-emend as-constitucionais-1>. Acesso em: 04 fev. 2014.

[8] Nas palavras de Luiz Alberto David Araujo: "Para o referido tratado de Direitos Humanos ter vigência interna, a nosso ver, pela forma própria como é aprovado, diferentemente dos tratados regulares, ele não necessitaria da promulgação do Presidente da República. Se o instrumento foi votado duas vezes, com quórum de três quintos, como se fosse o rito da emenda constitucional, parece que seria desnecessária a vontade do Presidente da República, pois o Congresso Nacional, em dois turnos, atingiu o elevado quórum, deixando clara a vontade do Brasil e incorporar tal tratado. E podemos nos servir, como parâmetro, do processo legislativo da emenda constitucional, que não tem a necessidade de sanção. Ela é promulgada pelas mesas das duas casa, conforme artigo 60, § 3º, da Constituição Federal". In. SEGALLA, Juliana Izar Soares da Fonseca; ARAUJO, Luiz Alberto David. A Utilização do Novo Conceito de Pessoa com Deficiência: Uma Advertência Necessária. *Direitos Fundamentais & Justiça*, Porto Alegre: HS Editora, ano 6, n. 19, abr./jun 2012. p. 151

[9] Importante referir que até a promulgação da Emenda Constitucional n. 12, de outubro de 1978, a palavra empregada constitucionalmente era "excepcional" (art. 175, § 4º, CF/67 com alterações dadas pela EC 1/69); a partir adotou-se a expressão "deficiente". Como se verá ao longo do capítulo, a expressão vigente na Constituição Federal de 1988 é "pessoas portadoras de deficiência".

[10] Mantiveram-se os textos constitucionais originais, quando transcritos, por uma questão didática. No entanto, entende-se que já houve modificação da terminologia diante da incorporação dos termos da Convenção sobre os Direitos das Pessoas com Deficiência. Assim, o correto seria já fazer constar o termo "pessoa com deficiência" no lugar de "pessoa portadora de deficiência".

[11] MELO, Sandro Nahmias. *O direito ao trabalho da pessoa portadora de deficiência: o princípio constitucional da igualdade: ação afirmativa*. São Paulo: LTr, 2004. p. 41

deficiência,[12] ou seja, poder-se-ia aqui exemplificar que a pessoa, caso fosse de seu interesse, optaria por sair de casa e deixar lá a deficiência, seja visual, física, intelectual, ou outra, como se objeto fosse, razão pela qual, a expressão "pessoas portadoras de deficiência" é bastante criticada pelo fato de que as deficiências não são "portadas" ou "carregadas" como um objeto. Logo, mesmo sendo a terminologia adotada pela norma constitucional, demonstra-se que, ao utilizar o adjetivo "portador", o indivíduo traduz a deficiência como algo que a pessoa carrega consigo, valorizando mais esta posse, a deficiência, do que o possuidor, a pessoa.

A expressão "pessoa portadora de deficiência" começa a ser questionada, momento em que Guilherme José Purvin de Figueiredo propõe, alternativamente, "sua substituição por portadores de necessidades especiais",[13] que para Manoel Jorge e Silva Neto corresponde a expressão "pessoa ou empregado portador de necessidades especiais"[14] a mais apropriada para designar a existência de indivíduos que são tão ou mais capazes que outras pessoas no desempenho de sua atividade laboral. Contudo, outra visão crítica é apontada, no sentido de que a expressão "pessoa com necessidades especiais" é gênero que contém as pessoas com deficiência, mas também acolhe os idosos, as gestantes, enfim, qualquer situação que implique tratamento diferenciado,[15] além de, equivocadamente, continuar perpetuando a ideia de que as ditas "necessidades especiais" são portadas como se objeto fossem, não definindo o conteúdo distintivo de cada indivíduo.[16] O adjetivo "especial", além de não projetar em si qualquer diferenciação, não se constitui numa característica exclusiva das pessoas com deficiência.

Novamente, a forma de tratamento começa a ser questionada, pois, "necessidades especiais" quem não as têm, com ou sem deficiência?[17]

---

[12] GOLDFARB, Cibelle Linero. *Pessoas portadoras de deficiência e a relação de emprego: o sistema de cotas no Brasil*. Curitiba: Juruá, 2009. p. 30.

[13] FIGUEIREDO, Guilherme José Purvin de (coord.). *Direitos da Pessoa Portadora de Deficiência*. São Paulo: Max Limonard, 1997. Publicação oficial do Instituto Brasileiro de Advocacia Pública, Advocacia Pública & Sociedade, ano I, n. 1, 1997, p. 47.

[14] SILVA NETO, Manoel Jorge e. Proteção constitucional dos interesses trabalhistas difusos, coletivos e individuais homogêneos. São Paulo: LTr, 2001. p. 189. *apud* GOLDFARB, Cibelle Linero. *Pessoas portadoras de deficiência e a relação de emprego: o sistema de cotas no Brasil*. Curitiba: Juruá, 2009. p. 31.

[15] FONSECA, Ricardo Tadeu Marques da. *O trabalho da pessoa com deficiência: lapidação dos direitos humanos: o direito do trabalho, uma ação afirmativa*. São Paulo: LTr, 2006. p. 136.

[16] Idem. p. 136.

[17] RULLI NETO, Antonio. Direitos do portador de necessidades especiais: guia para o portador de deficiência e para o profissional do direito. 2. ed. São Paulo: Fiúza, 2002. p. 32. *apud* GOLDFARB, Cibelle Linero. *Pessoas portadoras de deficiência e a relação de emprego: o sistema de cotas no Brasil*. Curitiba: Juruá, 2009. p. 31-32.

Esclarece-se, a título de curiosidade, que essa terminologia estava relacionada às "necessidades educacionais especiais" de algumas crianças com deficiência, termo utilizado na área da Educação, e que passou a ser difundido para todas as circunstâncias, fora do ambiente escolar, sem o cuidado necessário.[18]

Inadequadamente, ainda hoje, utiliza-se a expressão "pessoas com necessidades especiais", demonstrando-se a tentativa da sociedade em evoluir, transformar o tratamento conferido, que foi numa visão linear da ideia de invalidez e incapacidade à tentativa de nominar a característica peculiar da pessoa sem estigmatizá-la. Nesse sentido, opta-se pelo referencial de Sassaki no sentido de que "o conceito de deficiência não pode ser confundido com o de incapacidade [...]. O conceito de incapacidade denota um estado negativo de funcionamento da pessoa, resultante do ambiente humano e físico inadequado ou inacessível, e não um tipo de condição".[19]

Aqui, necessário se faz destacar que se tem observado ainda nos dias de hoje a adoção de alguns eufemismos para qualificar a pessoa com deficiência, com o objetivo de tentar justificar por meio destes a libertação de certos estigmas históricos[20] e, assim, promover a valorização da pessoa humana. Otto Marques da Silva[21] destaca algumas expressões aparentemente inofensivas ou descontraídas, que acabam por revelar a opinião das pessoas que as utilizam – velada, mas verdadeira – sobre as pessoas com deficiência, como: "aleijado", "defeituoso", "incapacitado", "inválido", "excepcional",[22] "retardado", dentre outros; enfatizando a deficiência mais do que a pessoa.[23]

---

[18] SILVA, Maria Isabel da. *Por que a terminologia "pessoas com deficiência"?* Disponível em: <http://www.s elursocial.org.br/pages/display/porque>. Acesso em: 18 abr. 2011.

[19] SASSAKI, Romeu Kazumi. Atualizações semânticas na inclusão de pessoas: Deficiência mental ou intelectual? Doença ou transtorno mental? *Revista Nacional de Reabilitação*, ano IX, n. 43, mar./abr. 2005.

[20] FONSECA, Ricardo Tadeu Maques da. O novo conceito constitucional de pessoa com deficiência: um ato de coragem. In: FERRAZ, Carolina Valença et al. *Manual dos direitos da pessoa com deficiência*. São Paulo: Saraiva, 2012. p. 22.

[21] SILVA, Otto Marques da. *A epopeia ignorada: a pessoa deficiente na história do mundo de ontem e hoje*. São Paulo: Centro São Camilo de Desenvolvimento em Administração da Saúde (CEDAS), 1986. p. 32.

[22] Nair Lemos Gonçalves, falecida em 10 de março de 2013, foi pioneira na luta pelos direitos das pessoas com deficiência. Cabe citar a obra: GONÇALVES, Nair Lemos. A pessoa excepcional e a legislação brasileira. *Revista de informação legislativa*, v. 14, n. 56, p. 125-138, out./dez. de 1977. *Revista de direito do trabalho*, v. 3, n. 13, p. 29-41, maio/jun. de 1978. Disponível em: <http://www2.senado.leg.br/bdsf/bitstream/handle/id/18 1038/000360866.pdf?sequence=3>. Acesso em: 26 mar. 2014.

[23] GOLDFARB, Cibelle Linero. *Pessoas portadoras de deficiência e a relação de emprego: o sistema de cotas no Brasil*. Curitiba: Juruá, 2009. p. 30

Luiz Alberto David Araujo[24] afirma que a leitura desse rol leva a uma interpretação bastante variada da ideia que se tem desse grupo social. Algumas expressões ou palavras realçam a incapacidade, outras mais a noção de deficiência, outras não chegam sequer a mencionar o ponto fulcral da questão – a própria deficiência – ao usar de eufemismo para enfrentar a forma de tratamento que se quer conferir.

José Pastore chama a atenção para o fato de que as relações humanas

> costumam ser formadas pela primeira impressão. E, nesse caso, chamam mais atenção os atributos (as deformidades) do que os portadores desses atributos (seres humanos). Em outras palavras, as deformidades vêm antes das pessoas. A partir daí compõe-se uma visão desumana e estereotipada das pessoas.[25]

Romeu Sassaki deixa claro que "jamais houve ou haverá um único termo correto [...]. A razão disto reside no fato de que a cada época são utilizados termos cujo significado seja compatível com os valores vigentes em cada sociedade [...]".[26] Mas, segundo o mesmo autor, o maior problema decorrente do uso de termos incorretos reside no fato de que os conceitos obsoletos, as ideias equivocadas e as informações inexatas possam ser, de forma inadvertida, reforçados e perpetuados. Ademais, o mesmo fato também pode ser responsável pela resistência contra a mudança de paradigmas que, no caso das pessoas com deficiência, vai, nos tempos atuais, da integração para a inclusão.[27]

Vale esclarecer que o presente texto utiliza e utilizará daqui por diante a expressão "pessoa com deficiência", ressalvadas as expressões legais que não cabe modificação ou textos doutrinários que não se permite alteração por deliberalidade, uma vez que se entende melhor adequada face aos motivos expostos pelo preâmbulo da Convenção sobre os Direitos da Pessoa com Deficiência, no sentido de que a deficiência é um conceito em evolução que resulta da interação entre indivíduo e as barreiras atitudinais e do ambiente, lastreado pela dimensão social de sustentabilidade. A expressão "pessoa com deficiência" valoriza a

---

[24] ARAUJO, Luiz Alberto David. *A proteção constitucional das pessoas com deficiência*. 4. ed. rev. ampl. e atual. Brasília: CORDE, 2011. Disponível em: <http://www.pessoacomdeficiencia.gov.br/app/sites/default/files/publicacoes/a-protecao-constitucional-das-pessoas-com-deficiencia_0.pdf>. Acesso em: 26 mar. 2014.

[25] PASTORE, José. *Oportunidades de trabalho para portadores de deficiência*. São Paulo: LTr, 2000. p. 22-23.

[26] SASSAKI, Romeu Kazumi. Atualizações semânticas na inclusão de pessoas: Deficiência mental ou intelectual? Doença ou transtorno mental? In. *Revista Nacional de Reabilitação*, ano IX, n. 43, mar./abr. 2005.

[27] SASSAKI, Romeu Kazumi. Terminologia sobre deficiência na era da inclusão. *Revista Nacional de Reabilitação*, São Paulo, ano 5, n. 24, p. 6-9, jan./fev. 2002.

pessoa humana à frente de sua deficiência, restando evidente a observância ao princípio da dignidade da pessoa humana.

Encontrar a terminologia melhor adequada para designar um grupo de pessoas é de fundamental importância para sua proteção jurídica, pois também pela linguagem se revela ou se oculta o respeito ou a discriminação. Vale ainda ressaltar que o destaque que se procura conferir às terminologias em comento deriva do fato de que a questão semântica, sobretudo na seara dos direitos fundamentais, tem uma perspectiva de inegável valor. Dizer que as palavras são apenas palavras e não servem para modificar a realidade é uma inverdade, ainda mais quando de fácil assimilação passam para o jargão e o gosto popular, podendo gerar mais preconceitos e tornarem-se até ofensivas.

As expressões, por evidente, não são estáticas. Evoluem da mesma forma que a sociedade incorpora novas realidades e valores, a cada época, em relação aos agrupamentos que a compõem. A nomenclatura atribuída às pessoas com deficiência acaba por refletir a percepção social que a elas se empresta. Durante anos de história, esse tipo de vocabulário esteve interligado aos aspectos médicos, como consequência do modelo que imperava em relação à deficiência, por sorte já superado, vigendo na atualidade o modelo social da deficiência.

As expressões apresentadas neste capítulo, portanto, se prestaram para um primeiro enfrentamento da questão, enlaçando alguns pontos por meio dos quais os leigos entendem o que vem a ser deficiência. O problema terminológico, no entanto, não se encerra aqui. A ele será necessário voltar quando do estudo do conceito de deficiência. Conteúdo que se analisará no próximo capítulo, partindo da perspectiva legislativa, do ponto de vista: internacional, constitucional e infraconstitucional, e passando pela doutrinária, a partir do reconhecimento da pessoa com deficiência enquanto sujeito de direitos.

1.2. O conceito de deficiência: a ressignificação do termo capacidade

O conceito de deficiência vinculado à pessoa humana, na perspectiva legal, atualmente entendido como o melhor adequado pode ser encontrado na Convenção sobre os Direitos das Pessoas com Deficiência, a saber, artigo 1º, transcreve-se:

> Pessoas com deficiência são aquelas que têm impedimentos de longo prazo de natureza física, mental, intelectual ou sensorial, os quais, em interação com diversas barreiras,

podem obstruir sua participação plena e efetiva na sociedade em igualdades de condições com as demais pessoas.[28]

Neste ponto é que se insere a importância histórica da Convenção sobre os Direitos das Pessoas com Deficiência – CDPD, um documento amplo e vinculante, que se destina especificamente a promover e proteger os direitos e a dignidade humana das pessoas com deficiência, lastreado numa perspectiva holística e em três eixos-mestre: os direitos humanos, o desenvolvimento social e a não discriminação. Trata-se de um texto desenvolvimentista e inclusivo, apoiado em uma visão socializada da deficiência. Outra característica da referida Convenção está no reconhecimento do conceito de deficiência como

> um conceito em evolução e que a deficiência resulta da interação entre pessoas com deficiência e as barreiras devidas às atitudes e ao ambiente que impedem a plena e efetiva participação dessas pessoas na sociedade em igualdade de oportunidades com as demais pessoas.[29]

Nesse sentido, percebe-se uma nítida evolução no conceito de deficiência, quando, por exemplo, comparado ao previsto na Convenção Interamericana para a Eliminação de Todas as Formas de Discriminação contra as Pessoas Portadoras de Deficiência, de 1999, aprovada pelo Brasil por meio do Decreto Legislativo n. 198/2001 e ratificada via promulgação do Decreto n. 3.956, de 08 de outubro de 2001, até então reputado como o primeiro e mais significativo instrumento dedicado a proteção e garantia dos direitos das pessoas com deficiência, considerado como o mais adequado, para a época, transcreve-se:

> O termo "deficiência" significa uma restrição física, mental ou sensorial, de natureza permanente ou transitória, que limita a capacidade de exercer uma ou mais atividades essenciais da vida diária, causada ou agravada pelo ambiente econômico e social.[30]

Traçando-se um paralelo cronológico, em âmbito internacional, o primeiro conceito de pessoa com deficiência foi apresentado em 1975, quando por meio da Resolução n. 3.447, a Assembleia Geral da ONU promulgou a Declaração dos Direitos das Pessoas Deficientes, que, em seu artigo 1º, assim referia:

> O termo "pessoas deficientes" refere-se a qualquer pessoa incapaz de assegurar por si mesma, total ou parcialmente, as necessidades de uma vida individual ou social normal,

---

[28] BRASIL. Decreto n. 6.949, de 25 de agosto de 2009. *Convenção sobre os Direitos das Pessoas com Deficiência e seu Protocolo Facultativo.* Disponível em: <http://www.planalto.gov.br/ccivil_03/_ato2007-2010/2009/decreto/d 6949.htm>. Acesso em: 14 jan. 2014.

[29] Idem.

[30] BRASIL. Decreto n. 3.956, de 08 de outubro de 2001. *Convenção Interamericana para a Eliminação de todas as formas de Discriminação contra as Pessoas Portadoras de Deficiência.* Disponível em: <https://www.pla nalto.go v.br/ccivil_03/decreto/2001/d3956.htm>. Acesso em: 14 jan. 2014.

em decorrência de uma deficiência, congênita ou não, em suas capacidades físicas ou mentais.[31]

Na esfera de proteção ao direito laboral, a Recomendação n. 99 foi o primeiro documento organizado e chancelado pela Organização Internacional do Trabalho – OIT a estabelecer o conceito de pessoa com deficiência. Conceito este, repetido na Recomendação n. 168 e aprimorado na Convenção n. 159, de 20 de junho de 1983, que trata da reabilitação profissional e emprego das pessoas com deficiência, tendo sido aprovada pelo Congresso Nacional brasileiro por meio do Decreto Legislativo n. 51, de 25 de agosto de 1989, ratificada em 18 de maio de 1990 e promulgada via Decreto n. 129, de 22 de maio de 1991.[32] Para efeitos desta Convenção, entende-se por pessoa com deficiência

> todas as pessoas cujas possibilidades de obter e conservar um emprego adequado e de progredir no mesmo fiquem substancialmente reduzidas devido a uma deficiência de caráter físico ou mental devidamente comprovada.[33]

Ao analisar os dois últimos conceitos legais trazidos, conclui-se que a Organização Internacional do Trabalho elaborou um conceito vinculado à possibilidade de obtenção e manutenção de emprego, já a Declaração dos Direitos das Pessoas Deficientes traz um conceito mais amplo, voltado para as dificuldades da vida individual e social da pessoa com deficiência.

Na esfera nacional, com o advento da Emenda Constitucional n. 12, de 17 de outubro de 1978, o Brasil deu os primeiros passos a fim de conferir proteção jurídica às pessoas com deficiência, ao assegurar a melhoria de sua condição social e econômica, em especial a instituição e o reconhecimento da necessidade de educação especial, da assistência, da reabilitação e reinserção na vida econômica do país, a proibição das discriminações, inclusive em relação à admissão no serviço público e aos salários, e também a possibilidade de acesso aos edifícios e logradouros públicos (acessibilidade). Posteriormente, tal proteção se consolidou com o advento da Constituição Federal de 1988, que em seu artigo 6º garantiu o direito ao trabalho a todos e no artigo 7º elencou direitos fundamentais a estes, aumentando a proteção com a aprovação de diversos dispositivos infraconstitucionais sequenciais que visam à garantia de direitos as pessoas com deficiência.

---

[31] Disponível em: <http://portal.mec.gov.br/seesp/arquivos/pdf/dec_def.pdf>. Acesso em: 15 jan. 2014.

[32] Disponível em: <http://www.oitbrasil.org.br/node/505>. Acesso em: 15 jan. 2014.

[33] BRASIL. Decreto n. 129, de 18 de maio de 1991. *Convenção 159 da OIT*. Disponível em: <http://www.mte.gov.br/fisca_trab/inclusao/legislacao_2_1.asp>. Acesso em: 19 out. 2010.

No plano infraconstitucional, pode-se destacar a Lei n. 7.853, de 24 de outubro de 1989, que dispôs sobre o apoio às pessoas com deficiência e criou um órgão para coordenação das ações do Estado para acompanhar e implementar políticas públicas por meio da Coordenadoria Nacional para Integração da Pessoa Portadora de Deficiência – CORDE, mas não define quem é o destinatário dessa política e por isso requereu regulamentação. A Lei foi regulamentada pelo Decreto n. 914, de 06 de setembro de 1993, atualmente revogado pelo Decreto n. 3.298, 20 de dezembro de 1999, que instituiu a política nacional para a integração da pessoa com deficiência. Sua aplicação e interpretação leva em consideração os valores básicos da igualdade de tratamento e oportunidade, da justiça social, do respeito à dignidade da pessoa humana, do bem-estar, além de outros, indicados na Constituição Federal. O artigo 3º do último Decreto referido conceitua e distingue deficiência, deficiência permanente e incapacidade.

> Art. 3º Para os efeitos deste Decreto, considera-se:
> I – deficiência – toda perda ou anormalidade de uma estrutura ou função psicológica, fisiológica ou anatômica que gere incapacidade para o desempenho de atividade, dentro do padrão considerado normal para o ser humano;
> II – deficiência permanente – aquela que ocorreu ou se estabilizou durante um período de tempo suficiente para não permitir recuperação ou ter probabilidade de que se altere, apesar de novos tratamentos; e
> III – incapacidade – uma redução efetiva e acentuada da capacidade de integração social, com necessidade de equipamentos, adaptações, meios ou recursos especiais para que a pessoa portadora de deficiência possa receber ou transmitir informações necessárias ao seu bem-estar pessoal e ao desempenho de função ou atividade a ser exercida.[34]

Cabe aqui distinguir os conceitos de deficiência e de incapacidade, pois muitas vezes os mesmos são adotados erroneamente como sinônimos, quando na verdade definem ocorrências totalmente distintas. Genericamente, pode-se considerar que a explicação e a identificação das situações de deficiências e incapacidades tem sido orientada segundo dois tipos de modelos radicalmente diferentes, habitualmente designados por "modelo médico" e "modelo social".

Assim, é posto em pauta o "modelo médico", baseado em classificações categoriais e em critérios estritamente médicos, assente em terminologias, conceitos e definições ancoradas em inferências causais relativas à deficiência e inerentes à pessoa, sem tomar em consideração os fatores externos ou ambientais. O problema estaria "no indivíduo". O entendimento nessa época é de que as pessoas com deficiência deveriam adaptar-

---

[34] Disponível em: <http://www.planalto.gov.br/ccivil_03/decreto/d3298.htm>. Acesso em: 15 jan. 2014.

se à sociedade se desejassem fazer parte desta. A ideia que imperava era a de que a sociedade era perfeita em si, que não precisaria fazer modificações ou adaptações em razão destas pessoas, eis que não contribuíam ao desenvolvimento da sociedade de forma alguma, afinal eram vistos como incapazes, diferentes, anormais.[35] O modelo médico da deficiência foi responsável, em grande parte, pela resistência da sociedade em aceitar a necessidade de mudar suas estruturas e atitudes para incluir em seu seio as pessoas com deficiência. Segundo Cláudia Werneck,[36] o modelo médico tem relação com a homogeneidade porque trata a deficiência como um problema do indivíduo (e, no máximo, de sua família) que deve se esforçar para "se normalizar" perante os olhos da sociedade.

No "modelo social", pelo contrário, a deficiência é entendida como um problema criado pela sociedade. A deficiência não é um atributo da pessoa, mas uma consequência de um conjunto complexo de situações, das quais um número razoável são criadas pelo meio ambiente social. A introdução da classificação dos fatores ambientais, quer em termos de barreiras como de elementos facilitadores da participação social, assumem um papel relevante, dado que é premissa fundamental deste modelo o reconhecimento da influência do meio ambiente, como elemento facilitador ou como barreira, no desenvolvimento, funcionalidade, participação e interação pessoa-meio ambiente, afastando-se, assim, a pessoa com deficiência da perspectiva estritamente reabilitativa e de tratamento. O problema está "na sociedade", e não no indivíduo, este sim no centro de suas decisões. É o contexto social que gera a exclusão. A valoração do indivíduo como pessoa e a necessidade de sua inclusão social acercam o modelo social das premissas baseadas nos direitos fundamentais, sobretudo do princípio da dignidade da pessoa humana, ao considerar em primeiro plano o respeito à pessoa, seguida, quando necessário, de outras circunstâncias relacionadas propriamente com a sua deficiência, tal como a sua história clínica.[37]

Por esse prisma, está claro que o

> "problema" *não* é do surdo, que não entende o que está sendo dito na TV, e, sim, da emissora que não colocou a legenda (sistema *closed-caption*); o "problema" *não* é do cego que não consegue estudar e, sim, dos estabelecimentos de ensino que não publicam e nem adquirem computadores em braile e que também não habilitam seus professores na língua de libras; o "problema" *não* é do deficiente físico que não pode subir

---

[35] MADRUGA, Sidney. *Pessoas com deficiência e direitos humanos: ótica da diferença e ações afirmativas.* São Paulo: Saraiva, 2013. p. 60.

[36] WERNECK, Cláudia. *Manual sobre Desenvolvimento Inclusivo.* Rio de Janeiro: WVA, 2005. p. 33.

[37] MADRUGA, Sidney. Op. cit., p. 60.

escada ou entrar num ônibus e, sim, do Estado que aprovou construções e veículos sem rampas ou elevadores de acesso.[38]

Dando corpo a uma antiga aspiração do movimento internacional das pessoas com deficiência, a Organização Mundial da Saúde – OMS aprova a Classificação Internacional do Funcionamento, da Deficiência e da Saúde, doravante denominada como CIF. A CIF foi aprovada pela 54ª Assembleia Mundial de Saúde para utilização internacional em 22 de maio de 2001 (resolução WHA54.21) e propõe a integração do modelo médico e do modelo social de deficiência, tentando realizar uma síntese que ofereça uma imagem coerente das diferentes perspectivas sobre a saúde, sejam elas: biológicas, individuais ou sociais, permitindo a visualização da interação pessoa-meio ambiente (atividades e participação) e as características do meio ambiente físico e social (fatores contextuais – pessoais). O texto representa uma revisão da Classificação Internacional de Deficiências, Incapacidades e Limitações – ICIDH, publicada inicialmente pela OMS com caráter experimental em 1980.

Ainda que a CIF, no âmbito da família das Classificações Internacionais da OMS, seja referenciada como uma classificação dos estados de saúde e estados relacionados com a saúde, importa reter que o conceito de saúde, presente neste documento, é um conceito muito abrangente que se prende com os diferentes setores da vida, com a funcionalidade humana, com o bem-estar e com a qualidade de vida da pessoa. Um dos principais objetivos da OMS com este novo sistema de classificação foi a definição de uma linguagem comum e de um quadro que uniformizasse conceitos, metodologias e critérios, coerentes e consentâneos com os progressos científicos, tecnológicos e sociais mais relevantes neste domínio.

Por oportuno, salienta-se que a OMS definiu o conceito de deficiência como sendo "qualquer perda ou anormalidade de estrutura ou função psicológica, fisiológica ou anatômica",[39] ressaltando que tais restrições não lhes retiram o valor como pessoa humana, o poder de decidir sobre suas vidas e de tomarem decisões perante a sociedade. Há que se ter em vista, portanto, o meio social, o grau de dificuldade de determinado indivíduo, não se podendo falar em uma relação fechada e imutável entre deficiência e incapacidade.

A concepção inclusiva, por sua vez, como matriz de interpretação, é compartilhada pelas pessoas que têm na garantia dos direitos sociais

---

[38] CRUZ, Álvaro Ricardo de Souza. *O direito à diferença: as ações afirmativas como mecanismo de inclusão social de mulheres, negros, homossexuais e portadores de deficiência*. Belo Horizonte: Del Rey, 2003. p. 132-133.

[39] OMS – Classificação internacional das Deficiências, Incapacidades e Desvantagens. Ministério do Emprego e da Segurança Social. Secretariado Nacional de Reabilitação. Lisboa, 1999 *apud* MARTIS, Sérgio Pinto. *Direitos fundamentais trabalhistas*. São Paulo: Atlas, 2008. p. 102.

sua referência de análise. O pressuposto adotado é de que a sociedade é responsável pela inclusão de todos. Essa forma de perceber a deficiência estimula o desenvolvimento de ações de adequação das condições, práticas e instrumentos que visem à criação de um ambiente social (e porque não de trabalho) acessível a todos.

Percebe-se com todo esse arcabouço conceitual que a pessoa com deficiência não é necessariamente incapaz, muito menos para o trabalho. Capacidade e deficiência são conceitos absolutamente distintos e não devem gerar qualquer confusão. Com relação ao direito ao trabalho, reafirma-se a capacidade da pessoa com deficiência, como exemplo, ao citar o gênio da música, Ludwig van Beethoven,[40] que mesmo após ser diagnosticado como surdo compôs, dentre outras, a Nona Sinfonia, considerada tanto ícone quanto predecessora da música romântica; também o tenor, compositor e produtor musical italiano, Andrea Bocelli;[41] ainda, um dos mais conhecidos escritores argentinos, Jorge Luis Borges, que ditou e soletrou cada palavra de sua obra "A cegueira",[42] um relato de sua vida como escritor cego; Luís Vaz de Camões, considerado uma das maiores figuras da literatura em língua portuguesa e grande poeta de Portugal, cego escreveu o poema épico "Os Lusíadas", além de poesias líricas, três peças teatrais e algumas cartas; Miguel de Cervantes, foi romancista, dramaturgo e poeta espanhol, após perder os movimentos da mão esquerda vê sua obra-prima "Dom Quixote" ser considerada o primeiro romance moderno; nas artes, Aleijadinho, importante escultor, entalhador e arquiteto mineiro do Brasil colonial;[43] no esporte o velejador brasileiro, Lars Schmidt Grael, que mesmo após sofrer grave acidente náutico que culminou com a mutilação de uma de suas pernas não deixou de praticar o esporte como profissão; e, não por último, mas em caráter especial, o Desembargador do Tribunal Regional do Trabalho da 9ª Região, Ricardo Tadeu Marques da Fonseca, primeiro juiz cego do Brasil.

O reconhecimento de que a incapacidade não é inerente à pessoa, considerando-a como um conjunto complexo de condições, muitas das quais criadas pelo ambiente social, muda o enfoque da deficiência para a diferença. Nesta perspectiva, está bem patente a valorização da responsabilidade coletiva no respeito pelos direitos humanos, na construção de uma "sociedade para todos" e no questionamento de

---

[40] Ver: <http://www.lvbeethoven.com/>. Acesso em: 04 fev. 2014.

[41] Para maiores informações, ver: <http://www.andreabocelli.com/it/#!/home>. Acesso em: 15 jan. 2014.

[42] BORGES, Jorge Luis. *La Ceguera*. In. ——. *Siete Noches*. Madrid: Alianza Editorial, 1995.

[43] LOPES, Glaucia Gomes Vergara. *A inserção do portador de deficiência no mercado de trabalho*: a efetividade das leis brasileiras. São Paulo: LTr, 2005. p. 17

modelos estigmatizantes ou pouco promotores da inclusão social. Toda esta evolução é compatível com os avanços efetuados na compreensão do desenvolvimento humano ao longo da vida. Assim, as características dos indivíduos com deficiência não poderão servir de obstáculo ao desenvolvimento educacional e profissional dos próprios, inclusive no que tange à geração e à obtenção de emprego.

Para o direito ao trabalho, segundo Rosanne de Oliveira Maranhão, "o que importa é o impacto que estas deficiências têm sobre a capacidade de trabalho do indivíduo e de que forma elas podem interferir em sua integração social [...]".[44] Tampouco deficiência traz alguma sinonímia com doença, e não é expressão antonímia de eficiência (que tem seu contrário em ineficiência). Além disso, a deficiência deve ser entendida não só como a constatação de uma falha, falta ou carência, mas, sobretudo, diante do seu grau de dificuldade no relacionamento social, profissional e familiar, dos obstáculos que se apresentam para sua integração (inclusão) social.[45]

Doutrinariamente, traz-se à baila alguns conceitos, a título exemplificativo. Mara Vidigal Darcanchy se refere à pessoa portadora de deficiência[46] como sendo:

> Aquela que apresenta em caráter permanente, perdas ou anormalidades de sua estrutura ou função psicológica, fisiológica ou anatômica, que gerem incapacidade para o desempenho de atividade, dentro do padrão considerado normal para o ser humano.[47]

No mesmo sentido, mas de forma concisa, Ana Cláudia Vieira de Oliveira Ciszewski.[48] Sandra Morais de Brito Costa corrobora ao adotar o conceito que enfrenta não só o aspecto clínico, mas também a questão social, afirmando que são pessoas com deficiência "aquelas que têm impedimentos de natureza física, intelectual ou sensorial, os quais, em interação com diversas barreiras, podem obstruir sua participação plena e efetiva na sociedade com as demais pessoas".[49] Pedro de Alcântara

---

[44] MARANHÃO, Rosanne de Oliveira. *O portador de deficiência e o Direito do Trabalho.* São Paulo: LTr, 2005. p. 41.

[45] ARAUJO, Luiz Alberto David. *A proteção constitucional das pessoas com deficiência.* 4. ed. rev. ampl. e atual. Brasília: CORDE, 2011. Disponível em: <http://www.pessoacomdeficiencia.gov.br/app/sites/default/files/publicacoes/a-protecao-constitucional-das-pessoas-com-deficiencia_0.pdf>. Acesso em: 26 mar. 2014.

[46] Termo utilizado pela autora Mara Vidigal Darcanchy, com ressalva ao que entende melhor ser adequado a acadêmica.

[47] DARCANCHY, Mara Vidigal. *Teletrabalho para pessoas portadoras de necessidades especiais.* São Paulo: LTr, 2006. p. 72.

[48] CISZEWSKI, Ana Cláudia Vieira Oliveira. *O trabalho da pessoa com deficiência.* São Paulo: LTr, 2005. p. 25.

[49] COSTA, Sandra Morais de Brito. *Dignidade humana e pessoa com deficiência: aspectos legais e trabalhistas.* São Paulo: LTr, 2008. p. 30.

Kalume,[50] por sua vez, mais apegado ao rigor do texto de lei, adota o mesmo conceito descrito no Decreto n. 3.298/1999.

A discussão acerca da deficiência modificou-se para uma visão social, enfatizando a necessidade de os fundamentos e garantias constitucionais estarem à disposição de toda a diversidade humana, sem exclusão de qualquer grupo por qualquer motivo. O que define a pessoa com deficiência não é falta de um membro nem a visão ou audição reduzidas. O que caracteriza a pessoa com deficiência é a dificuldade de se relacionar, de se integrar na sociedade.

1.3. A trajetória histórica das pessoas com deficiência: da rejeição à aceitação

Quando um pesquisador propõe-se a estudar o comportamento das sociedades que o antecederam, é importante que tenha em mente a advertência feita por Fustel de Coulanges, citado por Fábio Rodrigues Gomes, no sentido de que: "Para que haja um verdadeiro conhecimento destes povos antigos, torna-se mister estudá-los sem a ideia fixa de ver neles homens como nós [...]. O homem atual não pensa da mesma maneira como pensou vinte e cinco séculos atrás".[51] E, de acordo com Jean-Pierre Vernant, esta é uma advertência que merece especial atenção, quando voltada para a evolução histórica do trabalho humano, pois: "Do mesmo modo que não se tem o direito de aplicar ao mundo grego as categorias econômicas do capitalismo moderno, não se pode projetar no homem da cidade antiga a função psicológica do trabalho tal como hoje se delineia".[52]

Um resumido relato histórico mostra a divisão de tratamento conferido a pessoa com deficiência, que por muito tempo foi excluída do convívio social, inicialmente, em razão da sociedade entender que esta se tratava de um "atraso", alguém que poderia ser dispensado por não se encaixar no conceito de "útil" da época, e mais tarde, foi isolada em instituições, para ser protegida das discriminações da vida social.

---

[50] KALUME, Pedro de Alcântara. *Deficientes: ainda um desafio para o governo e para a sociedade: habilitação, reabilitação profissional e reserva de mercado de trabalho*. São Paulo: LTr, 2005. p. 21

[51] COULANGES, Fustel de. A cidade antiga: estudos sobre o culto, o direito, as instituições da Grécia e de Roma. Trad. Jonas Camargo Leite e Eduardo Fonseca. São Paulo: HEMUS, 2000. p. 7-8 apud GOMES, Fábio Rodrigues. *O direito fundamental ao trabalho: perspectiva histórica, filosófica e dogmático-analítica*. Rio de Janeiro: Lumen Juris, 2008. p. 267

[52] VERNANT, Jean-Pierre. Mito e pensamento entre os Gregos. Trad. Haiganuch Sarian. 2. ed. Rio de Janeiro: Paz e Terra, 2002. p. 349 apud GOMES, Fábio Rodrigues. *O direito fundamental ao trabalho: perspectiva histórica, filosófica e dogmático-analítica*. Rio de Janeiro: Lumen Juris, 2008. p. 267

Segundo Otto Marques da Silva,[53] a história revela os mais diversos tratamentos às pessoas com deficiência, nos quais, muitos relatos revelam que alguns povos adotaram atitudes de aceitação e outros de abandono, segregação e destruição.

A Lei das XII Tábuas – primeiro documento legislativo romano, elaborado em 450 e 449 a.C. e resultado da luta da plebe para obtenção de leis escritas, autorizava expressamente, aos *pater famílias* que eliminassem os filhos com deficiência.[54] Da mesma forma, a utilização comercial de pessoas com deficiência para fins de prostituição ou entretenimento era autorizada na Roma Antiga. Segundo Otto Marques da Silva: "cegos, surdos, deficientes mentais, deficientes físicos e outros tipos de pessoas nascidos com má formação eram também, de quando em quando, ligados a casas comerciais, tavernas e bordéis; bem como a atividades dos circos romanos, para serviços simples e às vezes humilhantes".[55]

Na Grécia Antiga, particularmente em Esparta, os bebês e as pessoas que adquiriam alguma deficiência eram lançados ao mar ou em precipícios.[56] Corrobora Zélia Maria Cardoso Montal[57] ao afirmar que os povos primitivos ora eliminavam, pois atrapalhava a caça e movimento natural dos nômades; ora protegiam, para agradar aos deuses e como recompensa aos mutilados nas lutas e caçadas.

Já em Atenas, influenciados por Aristóteles – segundo o qual a igualdade consistia em tratar igualmente os iguais e desigualmente os desiguais – os deficientes eram amparados e protegidos pela sociedade.[58] Aristóteles foi um precursor na defesa específica das pessoas com deficiência, mormente no que tange ao direito ao trabalho, chegando a declarar que, é "mais fácil ensinar um aleijado a desempenhar uma tarefa útil do que sustentá-lo como indigente"[59]. Assim, os deficientes capazes deveriam trabalhar e os outros seriam beneficiários da assis-

---

[53] SILVA, Otto Marques da. *A epopéia ignorada: a pessoa deficiente na história do mundo de ontem e hoje.* São Paulo: Centro São Camilo de Desenvolvimento em Administração da Saúde (CEDAS), 1986. p. 40 e ss.

[54] MENDONÇA, Luiz Eduardo Amaral de. *Lei de cotas: pessoas com deficiência: a visão empresarial.* São Paulo: LTr, 2010. p. 24.

[55] SILVA, Otto Marques da. Op. cit., p. 130.

[56] GARCIA, Vinícius Gaspar. *As pessoas com deficiência na história do mundo.* Disponível em: <http://www.bengalalegal.com/pcd-mundial>. Acesso em: 15 jan. 2014.

[57] MONTAL, Zélia Maria Cardoso. O trabalho como Direito Humano da Pessoa com deficiência. In. Piovesan, Flávia; CARVALHO, Luciana Paula Vaz de. *Direitos Humanos e Direito do Trabalho.* São Paulo: Atlas, 2010. p. 170.

[58] GARCIA, Vinícius Gaspar. Op. cit., acesso em: 15 jan. 2014.

[59] SILVA, Otto Marques da. Op. cit., p. 97.

tência estatal em virtude da contingencia da vida social que os impedia de obter ganhos provindos de seu próprio trabalho.[60]

Rubens Valtecides Alves[61] lembra que os hindus também protegiam as pessoas com deficiência, julgando, por exemplo, que as pessoas cegas reuniam condições de maior sensibilidade espiritual, pela ausência de visão, escolhendo-as para o desempenho de funções religiosas

Diante das explanações acima, de Otto Marques da Silva, conclui-se que, historicamente e a partir deste momento, o enfoque do direito sofreu uma transformação para afastar-se o caráter meramente assistencialista, passando-se a enxergar o deficiente como um indivíduo capaz em potencial.

Durante a Idade Média, entre os séculos V e XV, já sob a influência da ideia de amor ao próximo e da benevolência do Cristianismo, os senhores feudais amparavam pessoas com deficiência e os doentes em casas de assistência por eles mantidas. Portanto, as pessoas com deficiência viviam isoladas do resto da sociedade em asilos, conventos e albergues, a exemplo da temática enfrentada no filme estadunidense "O Corcunda de Notre Dame" (1996, Disney), inspirado na obra do escritor francês Victor Hugo, publicado em 1831,[62] que mostra a rejeição da sociedade a um ser humano relegado a um convívio solitário. A dificuldade que o ser humano tem de conviver com a diferença é o grande mote da obra. Aceitar e respeitar o outro como ele realmente é não tem sido tarefa das mais fáceis.

Só em 1854, surgiu a criação de duas escolas residenciais para deficientes auditivos e visuais, denominadas atualmente de Instituto Benjamin Constant e Instituto Nacional de Educação de Surdos. Com a perda da influência do feudalismo, veio à tona a ideia de que as pessoas com deficiência deveriam ser engajadas no sistema de produção ou assistidos pela sociedade contribuinte de forma compulsória,[63] momento em que Otto Marques da Silva[64] lembra que no Japão da Idade Média, em meados do século IX, por influência do filho do Imperador

---

[60] SILVA, Otto Marques da. *A epopeia ignorada: a pessoa deficiente na história do mundo de ontem e hoje*. São Paulo: Centro São Camilo de Desenvolvimento em Administração da Saúde (CEDAS), 1986. p. 113.

[61] ALVES, Rubens Valtecides. *Deficiente físico: novas dimensões da proteção ao trabalhador*. São Paulo: LTr, 1992. p. 18-32.

[62] Ver: HUGO, Victor. *O Corcunda de Notre Dame*. Edição comentada e ilustrada. Rio de Janeiro: Jorge Zahar, 2013. 496 p.

[63] MENDONÇA, Luiz Eduardo Amaral de. *Lei de cotas: pessoas com deficiência: a visão empresarial*. São Paulo: LTr, 2010. p. 25.

[64] SILVA, Otto Marques da. Op. cit., p. 204.

japonês, que sofria de deficiência visual, há registros de que a função de massagista era exercida por deficientes visuais, sob o argumento de que era necessário assegurar àqueles uma fonte digna de sustento.

Foi com o Renascimento que a visão assistencialista da Idade Média cedeu lugar a "à postura integrativa"[65] das pessoas com deficiência. Ainda que a ideia dominante estivesse voltada à valorização do homem, típico do humanismo renascentista, a luta pela sobrevivência levava muitos a mendigar. A França não foi a única a viver esse problema, tendo, em 1547, por Henrique II, instituído a assistência social obrigatória para amparar pessoas com deficiência por meio da coleta de taxas. A Inglaterra, por meio do rei Henrique VII, resolveu promulgar a Lei dos Pobres, em 1531, visando a melhorar as condições dos doentes e pobres, dentre eles, a dos deficientes em geral. Mais adiante, em 1723, também na Inglaterra, fundou-se o *Work House*, destinado a proporcionar trabalho as pessoas com deficiência, porém, tal medida se mostrou ineficaz na medida em que tais locais foram ocupados pelos pobres que alijaram aquele programa.[66]

Dados da Organização Internacional do Trabalho, divulgados na obra de Ricardo Tadeu Marques da Fonseca,[67] dão conta de que na Idade Moderna, a partir 1789, quando da Revolução Francesa, vários inventos se forjaram como intuito de propiciar meios de trabalho e de locomoção às pessoas com deficiência, tais como: cadeiras de rodas, bengalas, muletas, próteses, veículos adaptados, e outros. Ainda, o sistema Braille, criado por Louis Braille, propiciou a perfeita integração das pessoas com deficiência visual ao munda da linguagem escrita.

A partir do século XVIII, com a Revolução Industrial, e do século XX, com as Guerras Mundiais (Primeira Guerra Mundial de 1914-1918 e Segunda Guerra Mundial de 1939-1945), as pessoas com deficiência passaram a receber maior atenção, mais uma vez de forma dúbia, veja-se. Na Alemanha, as pessoas com deficiência eram submetidas a "experiências científicas", por ordem do presidente nazista Hitler. Ao mesmo tempo, mutilados de guerra eram considerados heróis em países como os EUA, recebendo honrarias e tratamento em instituições do governo.[68]

---

[65] GUGEL, Maria Aparecida et.al. O trabalho do portador de deficiência. Disponível em: <http://www.pgt.mpt.g ov.br/publicacoes/pub57.html>. Acesso em: 15 jan. 2014.

[66] MENDONÇA, Luiz Eduardo Amaral de. *Lei de cotas: pessoas com deficiência: a visão empresarial*. São Paulo: LTr, 2010. p. 25-26.

[67] FONSECA, Ricardo Tadeu Marques da. *O trabalho da pessoa com deficiência e a lapidação dos direitos humanos*: o direito do trabalho: uma ação afirmativa. São Paulo: LTr, 2006. p. 73.

[68] GARCIA, Vinícius Gaspar. *As pessoas com deficiência na história do mundo*. Disponível em: <http://www. bengalalegal.com/pcd-mundial>. Acesso em: 15 jan. 2014.

O avanço da medicina ao longo do século XX trouxe consigo uma maior atenção em relação aos deficientes. A criação dos hospitais-escolas, como por exemplo: o Hospital das Clínicas de São Paulo, no Brasil, na década de 40, significou a produção de novos estudos e pesquisas no campo da reabilitação. Nesse contexto, como não poderia ser diferente, havia uma clara associação entre a deficiência e a área médica. Na verdade, ainda em meados do século XIX, com a criação do Imperial Instituto dos Meninos Cegos (1854), ficava explícita uma relação entre doença e deficiência que, sem exagero algum, permanece até os dias atuais (em que pese a luta do movimento organizado das pessoas com deficiência a partir de 1981 pelo chamado "modelo social" para tratar dessa questão, em oposição ao "modelo médico").[69]

Já nas décadas de 1960 e 1970, a partir da Carta das Nações Unidas de 1945, começaram a surgir documentos internacionais que produziram novo conceito econômico, social e político às discussões atuais, em especial sobre emprego e trabalho, com relação as pessoas com deficiência, como por exemplo: a Declaração dos Direitos do Deficiente Mental (ONU, 1971), a Declaração dos Direitos das Pessoas Deficientes (ONU, 1975) e a Convenção n. 159 – sobre Reabilitação Profissional e Emprego de Pessoas Deficientes (OIT, 1983).

A trajetória histórica de silêncio e invisibilidade das pessoas com deficiência se encerra no ano de 1981, declarado pela ONU como Ano Internacional da Pessoa Deficiente. Este movimento culmina com a ratificação da Convenção sobre os Direitos das Pessoas com Deficiência, subscrita e ratificada pelo Brasil. Em âmbito nacional, apenas com a Constituição Federal de 1988 é que a proteção das pessoas com deficiência passou a integrar as normas constitucionais. A Constituição em vários capítulos veio concretizar os direitos sociais e individuais, incluindo os de acesso ao trabalho.

Logo, na realidade contemporânea a análise dos bens exigíveis que possibilitem às pessoas com deficiência uma vida com total dignidade deve estar baseada no ser "como humano", e não "como objeto", na sua riqueza humana, considerando-se as suas peculiaridades e diversidade, mas sem radicalismos.[70] Não se apresenta dificultoso propor e defender medidas e sugestões favoráveis a esse coletivo cuja temática traz sempre a reboque uma carga eivada de compaixão e solidariedade em relação ao próximo.

---

[69] GARCIA, Vinícius Gaspar. *As pessoas com deficiência na história do mundo*. Disponível em: <http://www.bengalalegal.com/pcd-mundial>. Acesso em: 15 jan. 2014.

[70] MADRUGA, Sidney. *Pessoas com deficiência e direitos humanos: ótica da diferença e ações afirmativas*. São Paulo: Saraiva, 2013. p. 85.

Diversas reconstruções históricas sobre a deficiência já foram feitas, tanto na literatura nacional quanto na internacional. Verdadeira é a premissa de que a deficiência tem uma natureza contingencial, isto é, que as limitações decorrentes da deficiência dependem do contexto histórico, social e do conhecimento produzido em determinada época. O tema da inclusão das pessoas com deficiência na sociedade e no mercado de trabalho nunca esteve tão presente, seja na legislação vigente, seja em estudos científicos e acadêmicos. Porém, os avanços concretos ainda são discretos, tem-se um longo caminho até que os direitos básicos sejam assegurados e efetivados.

1.4. Evolução na ordem jurídica: a busca pelo direito ao trabalho da pessoa com deficiência

O ponto de partida para o reconhecimento do direito ao trabalho da pessoa com deficiência, como mola propulsora à inclusão social, foi a promulgação da Declaração Universal dos Direitos Humanos (1948), pela Organização das Nações Unidas, reconhecido como o mais importante instrumento representante dos direitos humanos, servindo de base para as demais normas, tratados, convenções internacionais e diretivas comunitárias aprovados sobre o assunto. Restaram reconhecidos no referido instrumento direitos ao homem, como ao trabalho, que independem de previsão expressa em lei, e que a dignidade da pessoa humana é considerada intrínseca à própria existência humana. O direito ao trabalho foi reconhecido como um direito inalienável já na Declaração dos Direitos do Homem e do Cidadão (1789).

O parágrafo 1º do artigo 23 da Declaração Universal de Direitos Humanos proclama que: "Toda pessoa tem direito ao trabalho, [...]". Outro texto normativo internacional importante, vigente no direito pátrio, é o Protocolo Adicional ao Pacto de San José da Costa Rica sobre Direitos Econômicos, Sociais e Culturais,[71] que consagra definição abrangente do direito ao trabalho. Relevante, ainda, o disposto no artigo 1º da Convenção n. 122 da Organização Internacional do Traba-

---

[71] O Protocolo Adicional ao Pacto de San José da Costa Rica sobre Direitos Econômicos, Sociais e Culturais foi ratificado pelo Brasil por meio do Decreto Legislativo n. 56, de 19 de abril de 1995, sendo depositado em 21 de agosto de 1996, entrando em vigor, no plano internacional e para o Brasil em 16 de novembro de 1999. O processo de introdução no direito interno brasileiro se deu via Decreto n. 3.321, de 30 de dezembro de 1999. Em sentido semelhante, ver o artigo 6º do Pacto Internacional de Direitos Econômicos, Sociais e Culturais, incorporado ao direito interno brasileiro com o Decreto n. 591, de 06 de julho de 1992.

lho – OIT,[72] que dispõe sobre a política de emprego e que deverá garantir que haja trabalho para todas as pessoas; que este trabalho seja o mais produtivo, e que cada trabalhador tenha todas as possibilidades de adquirir e de utilizar, neste emprego, suas qualificações. Sobretudo, tal direito é reconhecido como a condição indispensável para outros direitos humanos, como consta da Proclamação de Teerã (1968), pela Assembleia Geral da ONU. O mesmo foi articulado de modo taxativo na Resolução n. 34/46, de 1979, também da Assembleia Geral da ONU, "a fim de garantir cabalmente os direitos humanos e a plena dignidade pessoal, é necessário garantir o direito ao trabalho".

A década de oitenta pode-se assinalar como sendo a mais significativa na gênese das orientações internacionais aplicáveis aos cidadãos com deficiências. Especial relevo deve ser dado ao papel das Nações Unidas no reconhecimento dos direitos das pessoas com deficiências, cabendo referir em particular a proclamação do Ano Internacional do Deficiente (1981), constituindo um marco fundamental de consciencialização da sociedade para os direitos humanos das pessoas com deficiência, que viria a tornar-se mais efetivo em resultado da Década das Nações Unidas para as Pessoas com Deficiência (1983-1992).

Por sua vez, a Convenção n. 159, da OIT, aprovada na 69ª reunião da Conferência Internacional do Trabalho (Genebra, 1983), entrou em vigor no plano internacional em 20 de junho de 1985, tendo sido aprovada pelo Brasil por meio do Decreto Legislativo n. 51, de 28 de agosto de 1989, ratificada em 18 de maio de 1990 e promulgada pelo Decreto n. 129, de 22 de maio de 1991, passando a viger em território pátrio a partir de 18 de maio de 1991, com força de lei.[73] Seu princípio basilar esteia-se na garantia de um emprego adequado e na possibilidade de integração ou reintegração das pessoas com deficiência na sociedade,[74] considerando que a base para aplicação desta política é o princípio de igualdade de oportunidades entre os trabalhadores. Suplementar à Convenção acima mencionada, a OIT editou, em 20 de junho de 1983, a Recomendação n. 168, que trata da reabilitação profissional e do emprego de pessoas com deficiência.[75]

---

[72] A Convenção n. 122 da OIT foi ratificada pelo Brasil com o Decreto Legislativo n. 61, de 30 de novembro de 1966, e incorporada ao direito interno pelo Decreto n. 66.499, de 27 de abril de 1970.

[73] Texto extraído do livro "Convenções da OIT", de Arnaldo Süssekind. 2. ed. São Paulo: LTr, 1998. Disponível em: <http://www.oitbrasil.org.br/node/505> Acesso em: 16 maio 2013.

[74] A inclusão de pessoas com deficiência no mercado de trabalho. Brasília: MTE, SIT, DEFIT, 2007. p. 10.

[75] Disponível em: <http://www.ilo.org/dyn/normlex/es/f?p=NORMLEXPUB:12100:0::NO:12100:P12100_INST RUMENT_ID:312506:NO>. Acesso em: 16 maio 2013.

Anteriormente, a Recomendação n. 99 da OIT, de 22 de junho de 1955, já havia discorrido sobre a habilitação e reabilitação profissional de pessoas com deficiência, definindo a "reabilitação profissional" como parte de um contínuo e coordenado processo destinado a capacitar a pessoa com deficiência a obter e manter o emprego. Sinaliza a possibilidade de introdução de uma política de cotas. Prevê, ainda, que a inclusão de pessoas com deficiência no mercado de trabalho deve ser promovida mediante a expressa criação de condições e possibilidades de obtenção e manutenção de emprego, dentre elas: (a) contratação, por empregadores, de um percentual de pessoas com deficiência que não acarrete a dispensa de outros trabalhadores; (b) reserva de determinadas ocupações para pessoas com deficiência. No mesmo sentido, a Recomendação n. 169, em 26 de junho de 1984, trata sobre política de emprego e destaca a necessidade de implementação de medidas para inserir as pessoas com deficiência no contexto de uma política global de emprego e reabilitação profissional.[76]

Posteriormente, adveio a Convenção sobre os Direitos das Pessoas com Deficiência, adotada pela ONU em 13 de dezembro de 2006, em reunião da Assembleia Geral para comemorar o Dia Internacional dos Direitos Humanos (10 de dezembro, data que coincide com a adoção da Declaração Universal dos Direitos Humanos pela Assembleia Geral da Organização das Nações Unidas em 1948).[77] A *UN Enable* – que reúne o Secretariado da Convenção e dá voz ao compromisso das Nações Unidas de defender os direitos e a dignidade das pessoas com deficiência[78] – descreve o documento como um marco para uma mudança de paradigma, deixando de lado o fato de as pessoas com deficiência serem vistas como objetos de caridade, para visualizá-las como detentoras de direitos. E como tal, são capazes de reivindicar os direitos e a tomada de decisões para as suas vidas com base em seu consentimento livre e esclarecido, bem como de serem membros ativos da sociedade.[79]

A Convenção estabelece e reconhece diversos direitos à pessoa com deficiência, sendo que, no que concerne ao trabalho, reafirma a ideia de inclusão, de forma digna e integral, reforçando a necessidade de ações afirmativas para tanto, conforme dispõe o artigo 27 do referido

---

[76] Disponível em: <http://www.ilo.org/dyn/normlex/es/f?p=NORMLEXPUB:12100:0::NO:12100:P12100_INST RUMENT_ID:312506:NO>. Acesso em: 27 maio 2013.

[77] Disponível em: <http://portal.mec.gov.br/index.php?option=com_docman&task=doc_down load&gid=424&Ite mid>. Acesso em 16 maio 2013.

[78] Disponível em: <http://www.un.org/disabilities/index.asp#>. Acesso em: 16 maio 2013.

[79] Disponível em: <http://www.onu.org.br/a-onu-em-acao/a-onu-e-as-pessoas-com-deficiencia/>. Acesso em: 16 maio 2013.

instrumento.⁸⁰ As políticas internacionais de incentivo ao trabalho das pessoas com deficiência envolvem providências que vão desde a reserva obrigatória de vagas até incentivos fiscais e contribuições empresariais em favor de fundos públicos destinados ao custeio de programas de formação profissional, no âmbito público e privado.

Veja-se, por exemplo, a título de direito comparado, como a legislação trata da questão em alguns países: a) em Portugal, a Lei n. 38/04 (art. 28) estabelece cotas de até 2% de trabalhadores com deficiência para a iniciativa privada e de, no mínimo, 5% para a administração pública; b) na Espanha, a Lei n. 66/97 ratificou o artigo 4º do Real Decreto n. 1.451/83, o qual assegura o percentual mínimo de 2% para as empresas com mais de 50 trabalhadores fixos, além do incentivo fiscal proporcionado via redução de 50% das cotas patronais da seguridade social concedido pela Lei n. 63/97; c) na Itália, a Lei n. 68/99 (art. 3º) estabelece a contratação de pessoas com deficiência na proporção de 7% no caso de empresas com mais de 50 empregados, 2 pessoas para cada grupo de 36 a 50 trabalhadores, e uma pessoa para cada grupo de 15 a 35 trabalhadores. Cotejando-se a legislação inerente aos países da América do Sul, bloco a que pertencente o Brasil, afere-se que a Declaração Sociolaboral do MERCOSUL estabelece que as pessoas com deficiência serão tratadas de forma digna e não discriminatória, favorecendo-se a sua inserção na sociedade e no mercado de trabalho.

Com relação ao direito internacional, em âmbito constitucional, o direito ao trabalho, especificamente da pessoa com deficiência, está previsto no artigo 38 da Constituição italiana de 1948,⁸¹ com fundamento no artigo 4º combinado com os artigos 35 e 36, em igualdade de oportunidades com os outros cidadãos, conforme artigo 3º, parágrafo 2º, do mesmo diploma legal. Ao contrário, não se encontra qualquer previsão específica na Constituição dos Estados Unidos da América (1787) e da França (1958), por exemplo.⁸²

Em âmbito constitucional brasileiro, a primeira vez que se fez menção às pessoas com deficiência foi na Constituição de 1934, que, também, foi a primeira a inserir direitos sociais. A Constituição de 1937

---

[80] Disponível em: <http://www.planalto.gov.br/ccivil_03/_ato2007-2010/2009/decreto/d6949.htm>. Acesso em: 20 maio 2013.

[81] A Constituição da República Italiana (em italiano: *Costituzione della Repubblica Italiana*) foi promulgada pela Assembleia Constituinte em 22 de dezembro de 1947, sendo que seu texto entrou em vigor em 1º de janeiro de 1948. Informação disponível em: <http://www.governo.it/Governo/Costituzione/disposizioni.html>. Acesso em: 07 out. 2013.

[82] ARAUJO, Luiz Alberto David. *A proteção constitucional das pessoas com deficiência*. 4. ed. rev. ampl. e atual. Brasília: CORDE, 2011. Disponível em: <http://www.pessoacomdeficiencia.gov.br/app/sites/default/files/publicacoes/a-protecao-constitucional-das-pessoas-com-deficiencia_0.pdf>. Acesso em: 26 mar. 2014.

era ainda elementar na referência que fazia. As Constituições seguintes (de 1946 e 1967) não fizeram qualquer menção, mas vale destacar que foram as primeiras a inserir os direitos trabalhistas e previdenciários. Encontra-se na Emenda Constitucional n. 01, de 17 de outubro de 1969, que edita o novo texto da Constituição Federal de 1967, a primeira referência constitucional ampla expressa às pessoas com deficiência, momento em que se inseriram no ordenamento constitucional tutelas ligadas à educação, reinserção na vida econômica e social, ao trabalho, e, por fim, a questão da acessibilidade aos edifícios e logradouros públicos. Embora a Emenda Constitucional n. 12 de 1978 também tenha trazido direitos relacionados à pessoa com deficiência, somente com a Constituição Federal de 1988 é que se tem um avanço no assunto. O presente texto constitucional foi além dos princípios e decidiu prever direitos das pessoas com deficiência em diversas áreas, além disso, parte das normas relacionadas ao tema na Constituição são normas programáticas, que dependem de legislação ordinária para sua regulamentação e nota-se que significativa parte já foi promulgada.

No âmbito da legislação infraconstitucional, cumpre destacar a Lei n. 7.853, de 24 de outubro de 1989, a qual atribuiu ao Poder Público o dever de assegurar às pessoas com deficiência o pleno exercício de seus direitos básicos, dentre eles: o direito à educação, à saúde, ao trabalho, ao lazer, à previdência social e ao transporte, por exemplo. Neste sentido, a Lei prevê a adoção de legislação específica que discipline a reserva de mercado de trabalho, em favor das pessoas com deficiência, nas entidades da administração pública e do setor privado (art. 2º, inc. III e alíneas).[83] Seguindo o mandamento da alínea c, inciso III, artigo 2º da Lei n. 7.853/89 e a diretriz constitucional constante do inciso VIII do artigo 37, foi editada a Lei n. 8.112, de 11 de dezembro de 1990, que regula o Regime Jurídico dos Servidores Públicos Civis da União. Impõe a Lei que a União reserve em seus concursos até 20% das vagas às pessoas com deficiência, havendo iniciativas semelhantes nos Estados e Municípios para o regime dos servidores públicos celetistas e estatutários.

No mesmo sentido, foi promulgada a Lei n. 8.213, em 24 de julho de 1991, que dispõe sobre o Plano de Benefícios da Previdência Social. O artigo 93 da Lei dirime sobre o sistema de cotas na esfera privada, delimitando que a empresa com 100 ou mais empregados está obrigada a preencher de 2% a 5% dos seus cargos com trabalhadores reabilitados ou pessoas com deficiências habilitadas. Além das cotas, esta Lei estabelece que a dispensa de trabalhador reabilitado ou pessoa com

---

[83] Disponível em: <http://www.planalto.gov.br/ccivil_03/Leis/L7853compilado.htm>. Acesso em 20 maio 2013.

deficiência habilitada, só pode ocorrer após a contratação de substituto em condição semelhante. O preceito é válido mesmo para o contrato por tempo determinado regulado pela Lei n. 9.601, de 28 de janeiro de 1998. A redação criou uma polêmica acerca da proteção conferida à pessoa com deficiência, isto é, se há no dispositivo uma modalidade de garantia provisória de emprego ou mero impedimento de dispensa, até que se contrate outro empregado nas mesmas condições e a discussão sobre a possibilidade ou não de reintegração do empregado com deficiência dispensado. A Lei n. 8.742/93 (Lei Orgânica da Previdência Social) reafirma no âmbito da seguridade social, a garantia das pessoas com deficiência à habilitação e reabilitação.

Tendo em vista a necessidade de regulamentação da Lei n. 8.213/91, merece destaque o Decreto n. 3.298, de 20 de dezembro de 1999, o qual instituiu a Política Nacional para a Integração da Pessoa Portadora de Deficiência. O Decreto assegura à pessoa com deficiência, por meio da ação conjunta do Estado e da sociedade, o pleno exercício dos direitos básicos. Destaca-se que o Decreto criou o Conselho Nacional dos Direitos da Pessoa Portadora de Deficiência – CONADE e definiu uma série de responsabilidades dos órgãos públicos nos campos da educação, saúde, trabalho, cultura, lazer, habilitação e reabilitação profissionais. É de se ressaltar também o Decreto n. 3.298/99, que regulamenta a Lei n. 7.853/89.[84]

Celso de Albuquerque Mello ratifica os textos normativos acima, afirmando que é "o direito ao trabalho o mais importante, ou o direito básico dos direitos [...]".[85] Essa preeminência do direito ao trabalho como condição de possibilidade de outros direitos foi assinalada de modo exemplar por aquele a quem se atribui a paternidade da expressão "direito ao trabalho", o filósofo Charles Fourier,[86] para o qual "a política enaltece os direitos humanos, mas não garante o primeiro e o único verdadeiramente útil deles, a saber: o direito ao trabalho",[87] conforme Anton Menger, jurista austríaco.

---

[84] Disponível em: <http://www.planalto.gov.br/ccivil_03/decreto/D3298.htm>. Acesso em 20 maio 2013.

[85] MELLO, Celso de Albuquerque. A proteção dos direitos humanos sociais nas nações unidas. In: SARLET, Ingo Wolfgang (Org.). *Direitos fundamentais sociais: estudos de direito constitucional, internacional e comparado.* Rio de Janeiro: Renovar, 2003. p. 228.

[86] MENGER, Anton. El derecho al producto íntegro del trabajo. El estado democrático del trabajo. Granada: Comares, 2004. p. 19 apud WANDELLI, Leonardo Vieira. *O direito humano e fundamental ao trabalho: fundamentação e exigibilidade.* São Paulo: LTr, 2012. p. 37-38.

[87] MENGER, Anton. El derecho al producto íntegro del trabajo. El estado democrático del trabajo. Granada: Comares, 2004 apud MAYER, Jean. El concepto de derecho al trabajo en las normas internacionales y en la legislación de los Estados Miembros de la OIT. Revista Internacional del Trabajo, v. 104, n. 2, p. 282, abri/jun 1985 apud WANDELLI, Leonardo Vieira. *O direito humano e fundamental ao trabalho: fundamentação e exigibilidade.* São Paulo: LTr, 2012. p. 37-38.

Por fim, mas não menos importante, o Projeto de Lei n. 7.699/2006, de autoria do Senador Paulo Paim (PT-RS), com texto substitutivo elaborado pela Secretaria de Direitos Humanos da Presidência da República, apresentado em nome da Ministra Maria do Rosário (PT-RS), que tem como objetivo estabelecer as diretrizes gerais, normas e critérios básicos para assegurar, promover e proteger o exercício pleno e em condições de igualdade de todos os direitos humanos e liberdades fundamentais pelas pessoas com deficiência, visando a sua inclusão social e cidadania participativa plena e efetiva. Tal documento foi aprovado no ano de 2009 pelo Senado Federal e atualmente aguarda tramitação na Câmara dos Deputados, contando com a relatoria da deputada Mara Gabrilli (PSDB-SP).

Todo esse arcabouço normativo baseia-se, segundo Pastore, "no princípio segundo o qual os portadores de deficiência[88] são membros da sociedade e têm o direito de permanecer nas comunidades e ali receber os serviços de educação, saúde e emprego".[89] Para a pessoa com deficiência, que ao natural já enfrenta barreiras arquitetônicas e culturais, se incorporar o mercado de trabalho, conseguir uma vaga de emprego, é um grande desafio. Os valores que lastreiam a medida em questão estão contidos nos artigos 1º, 3º e 5º da Constituição Federal brasileira vigente. Asseguram tais normas os princípios da dignidade da pessoa humana, da cidadania, do valor social do trabalho e o da igualdade.

A Constituição brasileira vigente designa, portanto, o trabalho como um direito social fundamental (art. 6º) e fundamento da ordem econômica (art. 170), afirmando o primado do trabalho como base da ordem social (art. 193). Todavia, passados 25 anos da promulgação da Constituição Federal de 1988, já não se admite que ainda haja de esperar que o Estado concretize tais direitos, praticamente fulminados por uma inércia legislativa.

1.5. Reconhecimento do direito ao trabalho como um direito fundamental social

1.5.1. Digressões terminológicas

A análise dos direitos fundamentais, por si só, já representa ou exige um estudo específico, tamanha a amplitude do tema. Almeja-se

---

[88] Termo utilizado pelo referido autor, com ressalva ao que entende melhor ser adequado a presente autora.

[89] PASTORE, José. *Oportunidade de trabalho para portadores de deficiência*. São Paulo: LTr, 2000. p. 36.

trazer apenas uma compreensão, necessária para que se possa atingir o objetivo pretendido com o presente texto.

A doutrina há muito discute sobre a temática, utilizando como nomenclatura os seguintes termos: "direitos naturais", "direitos humanos" e propriamente "direitos fundamentais".

"Direitos naturais" são direitos inatos à pessoa, cabe ao homem pelo simples fato dele ser homem; tese esta pouco aceita na atualidade, pois há diversas condicionantes que impedem a visualização da figura do homem isolado da realidade histórica e social, desvinculado do Estado, conforme explica José Afonso da Silva.[90]

Por sua vez, os "direitos humanos" são direitos inerentes a todos os seres humanos, sem distinção de qualquer natureza; que incluem o direito à vida e à liberdade, o direito ao trabalho e à educação, entre e muitos outros. Desde o estabelecimento das Nações Unidas, em 1945, um de seus objetivos fundamentais tem sido promover e encorajar o respeito aos direitos humanos para todos, conforme estipulado na Carta das Nações Unidas:

> [...] Considerando que os povos das Nações Unidas reafirmaram, na Carta da ONU, sua fé nos direitos humanos fundamentais, na dignidade e no valor do ser humano e na igualdade de direitos entre homens e mulheres, e que decidiram promover o progresso social e melhores condições de vida em uma liberdade mais ampla,
>
> [...] Considerando que os Estados membros se comprometeram a promover, em cooperação com as Nações Unidas, o respeito universal e efetivo dos direitos humanos e liberdades fundamentais,
>
> [...] a Assembleia Geral proclama a presente Declaração Universal dos Diretos Humanos como o ideal comum a ser atingido por todos os povos e todas as nações [...].[91]

---

[90] SILVA, José Afonso da. *Curso de Direito Constitucional*. 23. ed. São Paulo: Malheiros, 2004. p. 176.

[91] Tradução livre de parte do texto preambular transcrito na íntegra abaixo: Whereas recognition of the inherent dignity and of the equal and inalienable rights of all members of the human family is the foundation of freedom, justice and peace in the world, *Whereas disregard and contempt for human rights have resulted in barbarous acts which have outraged the conscience of mankind, and the advent of a world in which human beings shall enjoy freedom of speech and belief and freedom from fear and want has been proclaimed as the highest aspiration of the common people, Whereas it is essential, if man is not to be compelled to have recourse, as a last resort, to rebellion against tyranny and oppression, that human rights should be protected by the rule of law, Whereas it is essential to promote the development of friendly relations between nations, Whereas the peoples of the United Nations have in the Charter reaffirmed their faith in fundamental human rights, in the dignity and worth of the human person and in the equal rights of men and women and have determined to promote social progress and better standards of life in larger freedom, Whereas Member States have pledged themselves to achieve, in co-operation with the United Nations, the promotion of universal respect for and observance of human rights and fundamental freedoms, Whereas a common understanding of these rights and freedoms is of the greatest importance for the full realization of this pledge, Now, Therefore THE GENERAL ASSEMBLY proclaims THIS UNIVERSAL DECLARATION OF HUMAN RIGHTS as a common standard of achievement for all peoples and all nations, to the end that every individual and every organ of society, keeping this Declaration constantly in mind, shall strive by teaching and education to promote respect for these rights and freedoms and by*

A Declaração Universal dos Direitos Humanos – DUDH é um documento marco na história dos direitos humanos. Elaborada por representantes de diferentes origens jurídicas e culturais de todas as regiões do mundo, a Declaração foi proclamada pela Assembleia Geral das Nações Unidas em Paris, em 10 de dezembro de 1948. Ela estabelece, pela primeira vez, a proteção universal dos direitos humanos.[92][93] O artigo 22 da DUDH diz que:

> Toda pessoa, como membro da sociedade, tem direito à segurança social e tem direito à realização, pelo esforço nacional, pela cooperação internacional e de acordo com a organização e recursos de cada Estado, dos direitos econômicos, sociais e culturais indispensáveis à sua dignidade e ao livre desenvolvimento de sua personalidade.[94]

Esses direitos são concretizados do artigo 23 ao artigo 27 como direito ao trabalho, ao descanso e ao tempo livre, ao nível de vida conveniente, à proteção à maternidade e à infância, assim como direito à formação e à participação na vida cultural.

Ingo Wolfgang Sarlet parte da distinção entre direitos humanos e direitos fundamentais para esclarecer:

> [...] "direitos fundamentais" se aplica para aqueles direitos do ser humano reconhecidos e positivados na esfera do direito constitucional positivo de determinado Estado, ao passo que a expressão "direitos humanos" guardaria relação com os documentos de direito internacional, por referir-se àquelas posições jurídicas que se reconhecem ao ser humano como tal, independentemente de sua vinculação com determinada ordem constitucional, e que, portanto, aspiram à validade universal, para todos os povos e tempos, de tal sorte que revelam um inequívoco caráter supranacional (internacional).[95]

---

progressive measures, national and international, to secure their universal and effective recognition and observance, both among the peoples of Member States themselves and among the peoples of territories under their jurisdiction. Preamble. *The Universal Declaration of Human Rights.* United Nations. Disponível em: <http://www.un.org/en/documents/udhr/index.shtml#ap>. Acesso em: 11 dez. 2013.

[92] ORGANIZAÇÃO DAS NAÇÕES UNIDAS. *A ONU e os direitos humanos.* Disponível em: <http://www.onu.org.br/a-onu-em-acao/a-onu-e-os-direitos-humanos/>. Acesso em: 11 dez. 2013.

[93] A Declaração Universal de Direitos Humanos da Organização das Nações Unidas (DHDU/ONU), de 1948, embora carente quanto à previsão de medidas punitivas para o caso de descumprimento dos preceitos que estabelece, tem sido reconhecida como dotada de eficácia de direito costumeiro e, portanto, da vinculatividade de *jus cogens*.

[94] Tradução livre, texto original transcrito na íntegra abaixo: *Article 22. Everyone, as a member of society, has the right to social security and is entitled to realization, through national effort and international co-operation and in accordance with the organization and resources of each State, of the economic, social and cultural rights indispensable for his dignity and the free development of his personality. Article 22. The Universal Declaration of Human Rights.* United Nations. Disponível em: <http://www.un.org/en/documents/udhr/index.shtml#a22>. Acesso em: 11 dez. 2013.

[95] SARLET, Ingo Wolfgang. *A eficácia dos direitos fundamentais: uma teoria geral dos direitos fundamentais na perspectiva constitucional.* 11. ed.rev.atual. Porto Alegre: Livraria do Advogado, 2012. p. 29

A título de curiosidade, a terminologia melhor adequada, para José Afonso da Silva,[96] seria "direitos fundamentais do homem", pois para o autor esta é a concepção que mais se coaduna com a realidade e com a concepção atual de direitos fundamentais.

Aqui, importante mencionar que o direito constitucional é gênero que possui espécies, dentre as quais: o direito constitucional comunitário. Suas normas, de natureza transnacional, têm vigência para além dos limites territoriais do Estado-nação. É bastante comum, na atualidade, a influência de documentos normativos internacionais de direitos humanos (tais como: declarações, tratados, convenções, pactos) sobre o direito constitucional dos países. A Constituição brasileira, por exemplo, estabelece que os tratados e convenções internacionais de que a República Federativa do Brasil seja parte, oriundos do plano global ou regional (comunitário), serão recepcionados pelo direito brasileiro (arts. 5°, §§ 2° e 3°).[97] A Convenção sobre os Direitos das Pessoas com Deficiência é um exemplo de documento normativo celebrado no âmbito do direito comunitário. Essa temática tem sido estudada pela doutrina internacionalista brasileira.[98]

É nesta senda que se verifica que a vigente Constituição brasileira é paradigmática, justamente por apresentar número considerável de direitos e garantias fundamentais, e mais, possibilitando que outros nela não previstos sejam recepcionados com status constitucional, conforme se verifica pelo disposto no artigo 5°, parágrafo 2°, além de possibilitar que tratados e convenções internacionais aprovados sobre direitos humanos tenham tratamento equivalente ao de uma Emenda Constitucional, segundo dispõe artigo 5°, parágrafo 3°, ambos da norma acima referida.[99]

Nota-se que o legislador constituinte de 1988 inovou o ordenamento ao utilizar a expressão "Direitos e Garantias Fundamentais"; optando em momento anterior por utilizar as seguintes terminologias: Constituição de 1824: "Garantias dos Direitos Civis e Políticos dos Cidadãos Brasileiros"; Constituição 1891: "Declaração de Direitos dentro do Título IV dos Cidadãos Brasileiros"; Constituição de 1934: "Direitos e Garantias Individuais" – pela primeira vez visualiza-se a

---

[96] SILVA, José Afonso da. *Curso de Direito Constitucional*. 23. ed. São Paulo: Malheiros, 2004. p. 178.

[97] FACHIN, Zulmar. *Teoria geral do direito constitucional*. 2. ed. Londrina: Universidade Estadual de Londrina, 2006. p. 7-8 e 31

[98] Vide: MAZZUOLI, Valério de Oliveira. *Tratados Internacionais*. São Paulo: Juarez Oliveira, 2001. PIOVESAN, Flávia. *Direitos Humanos e o Direito Constitucional Internacional*. 5. ed. São Paulo: Max Limonad, 2002.

[99] Ver notas de rodapé n°s 5,6 e 8 do presente texto.

utilização de tal nomenclatura; sendo esta última a expressão utilizada e mantida nas Constituições de 1937, 1946, 1967, inclusive após a Emenda n. 01/69.

Com respeito a todas as terminologias formuladas, o presente estudo alinha-se à ideia do constitucionalista Ingo Wolfgang Sarlet, optando pela delimitação terminológica "direitos fundamentais", até mesmo por entender que, uma vez recepcionados os direitos humanos e comunitários, com base no artigo 5º, parágrafos 2º e 3º, da Constituição Federal, estes acabam consistindo em direitos positivados como se pátrios fossem; portanto, segundo o conceito já exposto, significam direitos fundamentais. Tal opção se dá por entender que esta é a melhor expressão para os direitos positivados no Título II do texto constitucional, que representam a busca pela igualdade material, e não apenas formal, no Estado brasileiro.

Assim, após a opção terminológica, partir-se-á para o estudo de um dos focos deste trabalho, qual seja tratar dos direitos sociais, como uma das espécies dos direitos fundamentais, classificado como de segunda dimensão, com enfoque especial no direito ao trabalho.

1.5.2. Direito fundamental social ao trabalho como desdobramento da dignidade da pessoa humana

Embora na evolução constitucional precedente já houvesse previsão de algumas normas tratando de direitos sociais, foi apenas em 05 de outubro de 1988, com a promulgação da Constituição Federal pátria vigente, chamada de cidadã, que os direitos sociais foram efetivamente positivados como legítimos direitos fundamentais. Essas concepções foram assumidas jurídico-constitucionalmente no Capítulo II (Dos Direitos Sociais), em especial no artigo 6º, e complementada por artigos do Título VIII (Da Ordem Social) do mesmo diploma legal.

O artigo 6º da Constituição Federal de 1988 insere-se num contexto normativo-constitucional mais amplo: o próprio Preâmbulo do texto constitucional já evidencia o forte compromisso da Constituição e do Estado com a justiça social, comprometimento este reforçado pelos princípios fundamentais positivados na norma constitucional, dentre os quais se destaca a dignidade da pessoa humana (art. 1º, inc. III), a igualdade (Preâmbulo) e os valores sociais do trabalho (art. 1º, inc. IV); estes por deliberação da autora, em razão da temática do presente trabalho. O mesmo ideário consta do artigo 170 do texto constitucional,[100] que aponta para a valorização do trabalho humano como fundamento da ordem econômica, vinculando este a uma existência digna para todos.

O princípio da dignidade da pessoa humana, para além de outros aspectos, atua como fio condutor relativamente aos diversos direitos fundamentais, reforçando a existência de uma recíproca complementaridade entre direitos individuais (direitos de liberdade) e direitos sociais (direitos de igualdade), na medida em que todos densificam parcelas do conteúdo e dimensões do princípio da dignidade humana, ainda que a ela não se reduzam.[101]

Muito embora haja alguns autores, no Brasil, que negam aos direitos sociais (no todo ou em parte) a condição de autênticos direitos fundamentais, tais concepções, pelo menos de acordo com o pensamento majoritário, estão divorciadas do direito constitucional positivo, pois basicamente fundadas em critérios de materialidade fundamental, muitas vezes atrelados a determinadas concepções filosóficas e políticas, ou mesmo vinculados a teorias da justiça de cunho liberal, sem a necessária sintonia com o sistema constitucional vigente, especialmente sem levar em conta a expressa inclusão dos direitos sociais (incluindo os direitos dos trabalhadores) no texto constitucional como uma das espécies dos direitos e garantias fundamentais do Título II, isto sem falar no já referido compromisso do constituinte com a justiça social.[102]

---

[100] Art. 170. A ordem econômica, fundada na valorização do trabalho humano e na livre iniciativa, tem por fim assegurar a todos existência digna, conforme os ditames da justiça social, observados os seguintes princípios: [...]. Ver: BRASIL. Constituição (1988). Constituição da República Federativa do Brasil. Brasília, DF: Senado Federal. Disponível em: <http://www.planalto.gov.br/ccivil_03/constituicao/constituicao.htm>. Acesso em: 26 dez. 2013.

[101] SARLET, Ingo Wolfgang. Comentário ao CAPÍTULO II. DOS DIREITOS SOCIAIS. Art. 6º 1. História da norma. In. CANOTILHO, José Joaquim Gomes; MENDES, Gilmar Ferreira; SARLET, Ingo Wolfgang; STRECK, Lenio Luiz (Coords). *Comentários à Constituição do Brasil*. São Paulo: Saraiva/Almedina, 2013. p. 534.

[102] Questionando a condição de direitos fundamentais dos direitos sociais vide, por exemplo, TORRES, Ricardo Lobo (Teoria dos direitos fundamentais. Rio de Janeiro: Renovar. p. 243 e s. Também do mesmo autor, A metamorfose dos direitos sociais em mínimo existencial. In. SARLET, Ingo Wolfgang (Org.). Direitos fundamentais sociais: estudos de direitos constitucional, internacional e comparado. Rio de Janeiro: Renovar, 2003. p. 1-46), que, todavia, reconhece a existência de uma garantia do mínimo existencial, de tal sorte que as prestações materiais estatais são imprescindíveis à satisfação desse mínimo e que asseguram às condições fáticas para a liberdade, constituem direitos subjetivos dos cidadãos, mas que os direitos sociais em geral não são fundamentais. Citação transcrita de: SARLET, Ingo Wolfgang. Comentário ao CAPÍTULO II. DOS DIREITOS SOCIAIS. Art. 6º 8. Anotações. 8.1. Direitos sociais como direitos fundamentais e seu respectivo regime jurídico-constitucional. In. CANOTILHO, José Joaquim Gomes; MENDES, Gilmar Ferreira; SARLET, Ingo Wolfgang; STRECK, Lenio Luiz (Coords). *Comentários à Constituição do Brasil*. São Paulo: Saraiva/Almedina, 2013. p. 540.

Não obstante, sem que aqui se pretenda aprofundar este tópico, há de prevalecer, portanto, o entendimento de que todos os direitos sediados no Título II da Constituição Federal são direitos fundamentais, ainda que se possa discutir a respeito de quais as exatas consequências, em cada caso, de tal fundamentalidade, visto que se trata de questão relacionada com o regime jurídico-constitucional dos direitos sociais como direitos fundamentais. Nesse sentido, à semelhança dos direitos fundamentais, os direitos sociais não se resumem àqueles elencados no artigo 6º da Constituição Federal, mas também, nos termos do artigo 5º, parágrafo 2º, da mesma norma legal, direitos e garantias implícitos, direitos positivados em outras partes do texto constitucional e ainda direitos previstos em tratados internacionais. Também aos direitos sociais se aplica, como aos direitos fundamentais, o disposto no artigo 5º, parágrafo 1º, ou seja, as normas consagradoras de direitos sociais possuem aplicabilidade direta e eficácia imediata, ainda que o alcance desta eficácia deva ser avaliado sempre no contexto de cada direito social e à luz de outros direitos e princípios.

O texto constitucional, no artigo 5º, parágrafo 1º, manifesta expressamente que os direitos e garantias fundamentais possuem aplicabilidade imediata, porém esta afirmação merece algumas considerações, em especial quanto a utilização variada para a descrição de aplicabilidade destes direitos e a compreensão de que validade, vigência, eficácia e efetividade dos direitos fundamentais são predicados distintos da norma jurídica. A validade da norma jurídica, na visão de Miguel Reale, possui três aspectos: a validade forma ou técnico jurídico (vigência), a validade social (eficácia ou efetividade) e a validade ética (o fundamento).[103]

Vigência diz respeito à qualidade da norma de se tornar exigível e a obrigatória observância por todos os operadores do direito, em certas condições, em um determinado espaço, a partir de determinado tempo, enquanto a norma não for declarada inválida. Em sentido formal, poder-se-ia dizer que se está a tratar de uma norma regularmente promulgada e publicada, com condições de entrar em vigor. Note-se, desde já, que vigência não se confunde com eficácia, mas para a constatação da eficácia de uma norma, antes esta precisa estar vigente. José Afonso da Silva, ao analisar a obra de Hans Kelsen, "Teoria Pura do Direito", afirma que o referido "autor não fala em vigência, mas em validade, expressão utilizada como sinônimo pelo tradutor para o português. A palavra no original, em alemão, era *Geltung*, indicativa de

---

[103] REALE, Miguel. *Lições preliminares de Direito*. 25. ed. São Paulo: Saraiva, 2001. p. 105.

valor, de algo que vale, por isso para Kelsen vigência é mais do que simples existência da norma, é existência com validade".[104]

Para Luís Roberto Barroso, vigência será a existência jurídica, sua aplicabilidade, entendendo o autor serem sinônimas as expressões: validade formal e vigência.[105] Vigência será, portanto, a aptidão, depois de cumpridos os aspectos formais de elaboração da norma, para esta produzir efeitos no mundo jurídico. A aplicabilidade, segundo doutrina de Eros Roberto Grau, vai além da delimitação no âmbito de validade da norma, tem característica peculiar no texto constitucional brasileiro; "aplicar o direito é torná-lo efetivo, e sua aplicabilidade imediata significa dizer que este direito é autossuficiente, e não reclama qualquer ato legislativo ou administrativo que anteceda a decisão na qual se consume a sua efetividade".[106]

Efetividade, eficiência e eficácia são palavras normal e vulgarmente usadas como sinônimos; seus significados, porém, são marcadamente distintos, na medida em que, pela semântica, merecem ser esclarecidos.

Segundo o Dicionário on line Houaiss,[107] o verbete "efetividade" provém do radical "efetivo" (adjetivo, que significa: que é real, verdadeiro; que produz efeito, eficaz[108]) – em latim *effectīvus*,[109] que acrescido do sufixo "dade" confere-lhe características de um substantivo feminino. Já, a palavra "eficaz", segundo dicionário etimológico da língua portuguesa,[110] significa capacidade produtiva, significado conferido também para as palavras: efetivo, eficácia e eficiência; que, segundo iDicionário Aulete,[111] corresponde à capacidade de produzir efeito; eficácia.

---

[104] KELSEN, Hans. Teoria Pura do Direito. Tradução: João Batista Machado. 6. ed. São Paulo: Martins Fontes, 1998. p. 230 *apud* SILVA, José Afonso da. *Aplicabilidade das Normas Constitucionais*. 3. ed. São Paulo: Malheiros, 1999. p. 52.

[105] BARROSO, Luís Roberto. *Direito Constitucional e efetividade de suas normas – limites e possibilidades da Constituição Brasileira*. 5. ed. Rio de Janeiro: Renovar, 2001. p. 83.

[106] GRAU, Eros Roberto. *Ordem Econômica na Constituição de 1988*. 4. ed. São Paulo: Malheiros, 1998. p. 313.

[107] *Grande Dicionário Houaiss da língua portuguesa – versão βeta*. Disponível em: <http://houaiss.uol.com.br/busca?palavra=efetivo>. Acesso em: 10 dez. 2013.

[108] *Michaelis Moderno Dicionário da Língua Portuguesa*. Disponível em: <http://michaelis.uol.com.br/moderno/portugues/definicao/efetividade%20_949386.html>. Acesso em: 10 dez. 2013.

[109] SILVA, De Plácido e. *Vocabulário Jurídico*. 26. ed. Rio de Janeiro: Forense, 2005. p. 509.

[110] BUENO, Francisco da Silveira. *Grande dicionário etimológico – prosódico da língua portuguesa*. Vocábulos, Expressões da Língua Geral e Científica – sinônimos Contribuições do Tupi-Guarani. vol. 3. São Paulo: Saraiva, 1965. p. 1062.

[111] *iDicionário Caldas Aulete*. Disponível em: <http://aulete.uol.com.br/efici%C3%AAncia>. Acesso em: 10 dez. 2013.

O filósofo italiano Nicola Abbagnano, na obra *Dizionario di filosofia*, afirma que a palavra "efetivo" é o mesmo que "real". Ainda, que nos idiomas italiano e francês, esse termo ressalta o caráter que a realidade possui diante do que só é imaginado ou desejado; já nos idiomas inglês e alemão, ressalta o caráter que a realidade possui diante do que é somente possível. Já, para a palavra "eficiência", o autor aponta que em todas as línguas, atualmente, esse termo é utilizado como correspondência ou adequação de um instrumento à sua função ou de uma pessoa à sua tarefa.[112]

Para Georg Wilhelm Friedrich Hegel, a palavra "efetividade" (*wirksamkeit*, em tradução para a língua alemã) está ligada etimologicamente ao que pode produzir efeito. O filósofo alemão a usa em semelhança às palavras efetivo, real, racional.[113] O uso por Immanuel Kant, filósofo prussiano, do termo "efetividade" pode ser esclarecido por meio de uma comparação com o termo aristotélico "energeia", que significa ação.[114]

Sobre o tema, o jurista José Roberto dos Santos Bedaque[115] destaca que efetividade significa capacidade de produzir efeitos no plano material. Carlos Alberto Alvaro de Oliveira[116] analisa a efetividade na perspectiva de ser uma realização do direito. Nesse sentido, o jurista alemão Rudolf Von Ihering, em sua obra "A luta pelo direito", afirma que "a essência do direito é a realização da prática".[117]

Efetividade, portanto, alcança uma dimensão mais abrangente, indo além da eficiência e da eficácia; ela corresponde à capacidade efetiva de transformar a realidade.[118] Nesse sentido, o termo "efetividade" se relaciona com a busca imediata de resultados mensuráveis, ou seja, em uma sociedade, como a atual, que, por estar vivendo uma constante aceleração tecnológica, o vocábulo em análise poderia se materializar por meio da busca incessante por resultados rápidos, apontando para a concretização das necessidades sociais.

---

[112] ABBAGNANO, Nicola. *Dizionario di filosofia*. São Paulo: Martins Fontes, 1998. p. 306-307.

[113] INWOOD, Michael. *Dicionário Hegel*. Tradução Álvaro Cabral. Rio de Janeiro: Jorge Zahar, 1997. p. 107-109.

[114] CAYGILL, Howard. *Dicionário Kant*. Tradução Álvaro Cabral. Rio de Janeiro: Jorge Zahar, 2000. p. 108-110.

[115] BEDAQUE, José Roberto dos Santos. *Efetividade do processo e da técnica processual*. 2. ed. São Paulo: Malheiros, 2007. p. 518.

[116] OLIVEIRA, Carlos Alberto Alvaro de. *Teoria e prática da tutela jurisdicional*. Rio de Janeiro: Forense, 2008. p. 125.

[117] IHERING, Rudolf Von. *A luta pelo direito*. Trad. João Vasconcelos. 17. ed. Rio de Janeiro: Forense, 1999. p. 43.

[118] HAUSEN, Ivan Zanoni. *Da estratégia: o patamar do triunfo*. Brasília: Thesaurus, 2002 p. 243-245.

Eficácia e efetividade, para Miguel Reale,[119] são categorias sinônimas e possuem um caráter experimental, porquanto se refere ao cumprimento efetivo do Direito por parte da sociedade, ou, mais especificamente, aos efeitos sociais que uma regra suscita pelo seu cumprimento. Já José Afonso da Silva entende a eficácia como a possibilidade de aplicação de determinada norma. Para ele, eficácia e aplicabilidade são fenômenos conexos; a eficácia como potencialidade, enquanto a aplicabilidade como realizabilidade.[120] Eficácia seria, para o autor, resumidamente, a capacidade de atingir objetivos, previamente fixados como metas.[121]

A definição acima, contudo, admite dois sentidos: a eficácia social[122] e a eficácia jurídica. A primeira designa uma efetiva conduta de acordo com aquela prevista pela norma e está ligada à sua real obediência e aplicação, ligando-se a ideia de efetividade da norma segundo Luís Roberto Barroso,[123] com fundamento em Miguel Reale,[124] conforme acima citado. Eficácia jurídica[125] é a qualidade de produzir em maior ou menor grau efeitos jurídicos, ao regular as situações, relações e comportamentos de que cogita.

A efetividade é expressão utilizada por Luís Roberto Barroso para tratar do que outros autores chamam de eficácia social,[126] ou em sentido sociológico.[127] Para Barroso, é a "realização do direito, o desempenho concreto de sua função social".[128]

Os ensinamentos de José Afonso da Silva concentram-se nas lições de Vezio Crisafulli, o qual defende que não há uma norma constitucional desprovida de eficácia, "porque todas, de modo unívoco, são

---

[119] REALE, Miguel. *Lições preliminares de Direito*. 25. ed. São Paulo: Saraiva, 2001. p. 106 e 114.

[120] SILVA, José Afonso da. *Aplicabilidade das Normas Constitucionais*. 3. ed. São Paulo: Malheiros, 1999. p. 60.

[121] Idem. p. 66.

[122] Sobre eficácia social do direito, ver: BARROSO, Luis Roberto. *O Direito Constitucional e a Efetividade de suas Normas: limites e possibilidades da Constituição brasileira*. 5. ed. Rio de Janeiro: Renovar, 2001. p. 84-89.

[123] BARROSO, Luís Roberto. *Direito Constitucional e efetividade de suas normas – limites e possibilidades da Constituição Brasileira*. 5. ed. Rio de Janeiro: Renovar, 2001. p. 84.

[124] REALE, Miguel. *Lições preliminares de Direito*. 25. ed. São Paulo: Saraiva, 2001. p. 114.

[125] SILVA, José Afonso da. *Aplicabilidade das Normas Constitucionais*. 3. ed. São Paulo: Malheiros, 1999. p. 66.

[126] BARROSO, Luís Roberto. *Direito Constitucional e efetividade de suas normas – limites e possibilidades da Constituição Brasileira*. 5. ed. Rio de Janeiro: Renovar, 2001. p. 84.

[127] NEVES, Marcelo. *A constitucionalização simbólica*. São Paulo: Acadêmica, 1994. p. 42.

[128] Idem. p. 85.

constitucionalmente cogentes em relação aos seus destinatários".[129] Se todas as normas constitucionais possuem eficácia, a distinção entre elas deve ater-se ao grau de seus efeitos jurídicos, os quais são divididos em três categorias: normas constitucionais de eficácia plena; normas constitucionais de eficácia contida; e, normas constitucionais de eficácia limitada ou reduzida.[130]

As normas constitucionais de eficácia plena "são as que desde a entrada em vigor da Constituição, produzem todos os seus efeitos essenciais (ou têm a possibilidade de produzi-los), todos os objetivos criados pelo legislador constituinte, porque este criou, desde logo, uma normatividade para isso suficiente, incidindo direta e imediatamente sobre a matéria que lhes constitui objeto".[131] Estas normas independem de integração legislativa, assim são de aplicabilidade direta, imediata e integral. Pode-se afirmar que são normas que estabelecem conduta jurídica positiva ou negativa definida.[132] O autor salienta ainda que a doutrina moderna tem reconhecido a "eficácia plena e aplicabilidade imediata à maioria das normas constitucionais, mesmo a grande parte daquelas de caráter socioideológico, as quais até bem recentemente não passavam de princípios programáticos".[133] Os direitos fundamentais como ordem de valor dão azo para a formulação destes como teoria dos princípios.[134] E estes, como princípios, exigem a sua realização dentro da maior medida possível em face das possibilidades fáticas e jurídicas.

As normas constitucionais de eficácia contida, para José Afonso da Silva, são "aquelas em que o legislador constituinte regulou suficientemente os interesses relativos à determinada matéria, mas deixou margem à atuação restritiva por parte da competência discricionária do Poder Público, nos termos em que a lei estabelecer ou nos termos de conceitos gerais nelas enunciados".[135] Possuem aplicabilidade direta e imediata, sendo certo que sua aplicação prescinde de interposição

---

[129] SILVA, José Afonso da. Normas Constitucionais. In. FERRAZ, Sérgio (Org.). *A norma jurídica*. Rio de Janeiro: Freitas Bastos, 1980. p. 44-45.

[130] SILVA, José Afonso da. *Aplicabilidade das Normas Constitucionais*. 3. ed. São Paulo: Malheiros, 1999. p. 82.

[131] Idem. p. 82.

[132] SILVA, José Afonso da. Normas Constitucionais. In. FERRAZ, Sérgio (Org.). *A norma jurídica*. Rio de Janeiro: Freitas Bastos, 1980. p. 46.

[133] SILVA, José Afonso da. *Aplicabilidade das Normas Constitucionais*. 3. ed. São Paulo: Malheiros, 1999. p. 88.

[134] Sobre o tema, ver: ÁVILA, Humberto. *Teoria dos Princípios: da definição à aplicação dos princípios jurídicos*. 5. ed. São Paulo: Malheiros, 2006.

[135] SILVA, José Afonso da. *Aplicabilidade das Normas Constitucionais*. 3. ed. São Paulo: Malheiros, 1999. p. 116.

legislativa, podendo, porém, ser limitadas pela atividade legiferante (criação de limites formais ou materiais).[136]

Já as normas constitucionais de eficácia limitada ou reduzida, para José Afonso da Silva, "não produzem desde sua entrada em vigor, todos os efeitos seus efeitos essenciais, porque o legislador constituinte, por qualquer motivo, não estabeleceu, sobre a matéria, uma normatividade para isso bastante, deixando essa tarefa ao legislador ordinário ou a outro órgão do Estado".[137]

Como desfecho dessa diferenciação, cabe a relação entre eficácia, tanto na sua dimensão jurídica como social, e a aplicabilidade. Como lembra Ingo Wolfgang Sarlet, pode-se definir eficácia jurídica como possibilidade (no sentido de aptidão) de a norma vigente (juridicamente existente) ser aplicada aos casos concretos e de – na medida de sua aplicabilidade – gerar efeitos jurídicos, ao passo que a eficácia social (efetividade) poder ser considerada como englobando tanto a decisão pela efetiva aplicação da norma (juridicamente eficaz), quanto o resultado concreto decorrente – ou não – de sua aplicação.[138]

Este tema remete necessariamente a fundamentalidade dos direitos fundamentais, pois estes direitos, como as demais normas constitucionais, devem ser tutelados por mecanismos de proteção que os diferencie da legislação ordinária. O texto constitucional de 1988 tratou de dar proteção ainda maior para as normas definidoras de Direitos Fundamentais, enquadrando-as como cláusulas pétreas (art. 60, § 4º), criando assim um limite formal/material intransponível para a alteração ou supressão destas normas – ao menos a parte destes direitos, pois afinal não há consenso na doutrina. Em se tratando dos direitos individuais previstos no artigo 5º da Constituição Federal pátria, não se discute a sua tutela, seja porque possuem fundamentalidade material seja pelo fato destes serem tutelados como cláusulas pétreas pela própria Constituição Federal, imprimindo a estes fundamentalidade formal.[139] Nesta linha, note-se que o título "Dos Direitos e Garantias Fundamentais", que abrange do artigo 5º ao artigo 17 da Constituição Federal, dá

---

[136] PANSIERI, Flávio. *Eficácia e vinculação dos direitos sociais: reflexões a partir do direito à moradia*. São Paulo: Saraiva, 2012. p. 98.

[137] SILVA, José Afonso da. *Aplicabilidade das Normas Constitucionais*. 3. ed. São Paulo: Malheiros, 1999. p. 82.

[138] SARLET, Ingo Wolfgang. *Dignidade da pessoa humana e direitos fundamentais na Constituição Federal de 1988*. 9. ed. rev. atual. Porto Alegre: Livraria do Advogado, 2011. p. 229.

[139] SARLET, Ingo Wolfgang. Os Direitos Fundamentais Sociais como limites materiais ao poder de reforma da Constituição: contributo para uma leitura constitucionalmente adequada. *Revista Latino-Americana de Estudos Constitucionais*, Belo Horizonte: Del Rey, n. 1, jan/jun. 2003. p. 647.

o tom da Constituição de 1988, e a supressão destes direitos modificaria substancialmente a ordem constitucional atual.

Não parece restar dúvida de que os princípios do Estado Social esculpidos nos artigos 1º e 3º da Constituição Federal de 1988, estão diretamente ligados aos Direitos Sociais, e mesmo estes não constando expressamente no rol das cláusulas pétreas deverão ser entendidos como tal em razão da impossibilidade do poder constituinte reformador modificar o sentido da Constituição.[140]

Entende-se adequado remeter ao fundamento de que o legislador, ao definir os direitos e garantias individuais como cláusulas pétreas, pretendeu tutelar todos os direitos que estavam ligados diretamente à pessoa humana como indivíduo relacionado em sua comunidade, ou seja, direitos de titularidade individual ainda que fossem de expressão coletiva.[141] É necessário reafirmar que as cláusulas pétreas têm por finalidade impedir a destruídos dos elementos essenciais à Constituição, os quais no Estado brasileiro estão intimamente ligados aos Direitos Sociais, que tem seu maior referencial na dignidade da pessoa humana.

A ideia central aqui contida está expressa na frase: "toda Constituição nasce para ser aplicada, mas só é aplicável na medida em que corresponde às aspirações socioculturais da comunidade a que se destina".[142] Assim, por mais que não se faça aqui uma digressão sociológica sobre o tema, é relevante observar que o direito não é e não pode ser um sistema autopoiético, pois sua existência é fundada na realização de uma determinada sociedade, e não em si mesmo. Ressalte-se que muito tem se debatido sobre a aplicabilidade e eficácia das normas constitucionais, com obras relevantes no ordenamento jurídico brasileiro, como a de Ingo Wolfgang Sarlet,[143] José Afonso da Silva,[144] Luís Roberto Barroso[145]

---

[140] SCHMITT, Carl. *Teoria de la Constitución*. Madrid: Editorial Revista de Derecho Privado, 1928. p. 119 e ss. apud PANSIERI, Flávio. *Eficácia e vinculação dos direitos sociais: reflexões a partir do direito à moradia*. São Paulo: Saraiva, 2012. p. 148-149.

[141] SARLET, Ingo Wolfgang. Os Direitos Fundamentais Sociais como limites materiais ao poder de reforma da Constituição: contributo para uma leitura constitucionalmente adequada. *Revista Latino-Americana de Estudos Constitucionais*, Belo Horizonte: Del Rey, n. 1, jan/jun. 2003. p. 659.

[142] SILVA, José Afonso da. *Aplicabilidade das Normas Constitucionais*. 3. ed. São Paulo: Malheiros, 1999. p. 47.

[143] SARLET, Ingo Wolfgang. *A eficácia dos direitos fundamentais: uma teoria geral dos direitos fundamentais na perspectiva constitucional*. 11. ed.rev.atual. Porto Alegre: Livraria do Advogado, 2012.

[144] SILVA, José Afonso da. *Aplicabilidade das normas constitucionais*. 3. ed. São Paulo: Malheiros, 1999.

[145] BARROSO, Luís Roberto. *O direito constitucional e a efetividade de suas normas – limites e possibilidades da Constituição brasileira*. 5. ed. Rio de Janeiro: Renovar, 2001.

e na doutrina internacional Robert Alexy,[146] José Joaquim Gomes Canotilho[147] e José Carlos Vieira de Andrade.[148]

Na doutrina jusconstitucionalista brasileira, os pontos de vista acerca dos direitos fundamentais sociais têm-se colocado, com raras exceções, em dois polos antagônicos. De um lado, aqueles que asseveram que estes direitos são prescritos por normas com eficácia muito reduzida e insuscetível de serem justiciabilizadas. De outro, encontram-se aqueles que sustentam serem os direitos fundamentais sociais verdadeiros direitos subjetivos, entretanto não oferecem uma solução para os problemas relativos à aplicação desses direitos.

A perspectiva subjetiva corresponde à noção dos direitos sociais como direitos exigíveis em juízo, constatando-se uma forte tendência doutrinária e jurisprudencial no sentido do reconhecimento da vinculação dos direitos fundamentais sociais à garantia do direito ao mínimo existencial,[149] concebido como condições materiais mínimas à vida com dignidade. A garantia efetiva de uma existência digna abrange mais do que a garantia da mera sobrevivência física,[150] ultrapassa a noção de um mínimo meramente vital, para resguardar não só a vida humana em si, mas uma vida saudável[151] e com certa qualidade, implicando, em consequência, uma dimensão sociocultural que não pode ser desconsiderada.[152] Em termo de fundamentação constitucional, a ausência

---

[146] ALEXY, Robert. *Teoria de los Derechos Fundamentales*. Tradução: Garzón Valdes. Madrid: Centro de Estudos Constitucionais, 1997.

[147] CANOTILHO, José Joaquim Gomes. *Direito Constitucional e Teoria da Constituição*. 7. ed. Coimbra: Almedina, 2004.

[148] ANDRADE, José Carlos Vieira de. *O Direitos Fundamentais na Constituição portuguesa de 1976*. Coimbra: Almedina, 1998.

[149] O primeiro artigo sobre o tema foi escrito por TORRES, Ricardo Lobo. O mínimo existencial e os direitos fundamentais. *Revista de Direito Administrativo*, n. 177, p. 20-49, 1989. Revisitando o tema, posteriormente, em: A metamorfose dos direitos sociais em mínimo existencial. In. SARLET, Ingo Wolfgang (Org.). *Direitos fundamentais sociais: estudos de direitos constitucional, internacional e comparado*. Rio de Janeiro: Renovar, 2003. p. 1-46. Citação transcrita de: SARLET, Ingo Wolfgang. Comentário ao CAPÍTULO II. DOS DIREITOS SOCIAIS. Art. 6º 8. Anotações. 8.6.1. O direito ao mínimo existencial. In. CANOTILHO, José Joaquim Gomes; MENDES, Gilmar Ferreira; SARLET, Ingo Wolfgang; STRECK, Lenio Luiz (Coords). *Comentários à Constituição do Brasil*. São Paulo: Saraiva/Almedina, 2013. p. 545.

[150] NEUMANN, V. Menschnwürde und Existenzminimum. NVwZ, p. 428-429, 1995. apud SARLET, Ingo Wolfgang. Comentário ao CAPÍTULO II. DOS DIREITOS SOCIAIS. Art. 6º 8. Anotações. 8.6.1. O direito ao mínimo existencial. In. CANOTILHO, José Joaquim Gomes; MENDES, Gilmar Ferreira; SARLET, Ingo Wolfgang; STRECK, Lenio Luiz (Coords). *Comentários à Constituição do Brasil*. São Paulo: Saraiva/Almedina, 2013. p. 546.

[151] SARLET, Ingo Wolfgang. *Dignidade da pessoa humana e direitos fundamentais na Constituição Federal de 1988*. 9. ed. rev. atual. Porto Alegre: Livraria do Advogado, 2011. p. 73.

[152] HÄBERLE, Peter. A dignidade humana como fundamento da comunidade estatal. In. SARLET, Ingo Wolfgang (Org.). *Dimensões da dignidade: ensaios de filosofia do direito e direito constitucional*. 2. ed. Porto Alegre: Livraria do Advogado, 2013. p. 45 e ss.

de explicitação da garantia (e do direito) ao mínimo existencial pela Constituição Federal é superada pela inserção da garantia de existência digna dentre os princípios e objetivos da ordem constitucional econômica, previsão contida no artigo 170, caput, do texto constitucional. A partir justamente da dimensão sempre em primeira linha individual da dignidade da pessoa humana e do próprio mínimo existencial, os direitos sociais têm por titular a pessoa individual, o que não afasta uma dimensão transindividual.

As normas de direitos sociais, na qualidade de normas jurídicas, possuem eficácia desde a publicação da Constituição Federal, o que não significa dizer que todas as normas definidoras de direitos sociais constituem direitos subjetivos, no sentido da possibilidade de implementação judicial dos direitos, mas sim, que estas normas definidoras de direitos e garantias fundamentais possuem eficácia positiva ou negativa, podendo tornar em alguns momentos, feição de direitos subjetivos.

Diversas foram as classificações atribuídas aos direitos fundamentais, e desde já se opta pela classificação funcional de Robert Alexy,[153] que divide esta classificação em dois grandes grupos: os direitos de defesa e os direitos prestacionais. Importante pontuar as diferenças dos direitos de defesa e a prestações. Segundo o autor acima,[154] os direitos de defesa (direitos negativos) impõem ao Estado limites na realização de seus fins, enquanto os direitos prestacionais (direitos positivos) determinam ao poder público a busca de determinados objetivos. Esta é uma repartição que vem ganhando adeptos no mundo do direito. E, neste passo, o panorama elaborado por Ingo Wolfgang Sarlet[155] é bastante representativo deste consenso teórico, apesar das diferentes leituras efetuadas pela doutrina. De acordo com este autor, existe uma virtual convergência dogmática quanto à divisão dos direitos fundamentais em direitos de defesa e direitos à prestação.

Em análise à classificação funcional dos direitos sociais proposta por Robert Alexy, nota-se que estes direitos têm um sentido amplo, ou seja, contemplam posições jurídicas de defesa e prestacionais. Nesta linha de pensamento, Ingo Wolfgang Sarlet afirma que os direitos sociais, previstos no artigo 6º do texto constitucional, possuem, além das características de direitos de defesa, função prestacional. Como

---

[153] ALEXY, Robert. *Teoria de los Derechos Fundamentales*. Tradução: Garzón Valdes. Madrid: Centro de Estudos Constitucionais, 1997. p. 419.

[154] Idem. p. 429.

[155] SARLET, Ingo Wolfgang. *A eficácia dos direitos fundamentais: uma teoria geral dos direitos fundamentais na perspectiva constitucional*. 10. ed. rev. atual. e ampl. Porto Alegre: Livraria do Advogado, 2010. p. 159-207

exemplo, cita-se o direito ao trabalho, elencado no artigo 6º da Constituição Federal vigente, como direito fundamental social, que deverá ser tutelado da forma mais intensa possível. Uma alegação para a inexistência da função de defesa seria a impossibilidade de individualização deste direito, o que impossibilitaria a subjetivação. No entanto, os direitos previstos no artigo 6º encontram-se na essência do individualismo, do direito à vida digna de cada um; o que não poderá ser destruído em prol da coletividade.

Não menos importante é a classificação proposta por Rui Barbosa: normas não autoaplicáveis; por Pontes de Miranda: normas não bastantes em si mesmas; por José Afonso da Silva: normas de eficácia limitada declaratória de efeitos programáticos, e por Luis Roberto Barroso: normas constitucionais programáticas.[156]

Tais direitos, porque enunciados na forma de princípios (indicativos de fins, programas, metas), não constituíam verdadeiros imperativos jurídicos, isto é, regras de conduta que, quando suscitadas, estariam aptas a produzir (cogentemente, se preciso) suas consequências jurídicas. Atualmente, existe praticamente um consenso doutrinário sobre a normatividade dos princípios, isto é, de seu caráter eminentemente deontológico e jurídico.[157] Pois bem, partindo desta teoria da norma mais abrangente, que inclui tanto a regra quanto o princípio como proposições de dever ser, pergunta-se: já é possível dizer qual a natureza da norma contida no artigo 6º da Constituição Federal de 1988? Crê-se que ainda não, uma vez que, conforme lembrado por Eros Roberto Grau, o direito é alográfico.[158] Seguindo nesta perspectiva, o Ministro aposentado do Supremo Tribunal Federal destacou a simetria que ocorre entre as artes alográficas (música e teatro) e as autográficas (pintura e romance), integrando o direito às primeiras. Isto porque, diferentemente da pintura e do romance ("nas quais o autor contribui sozinho para a realização da obra"), na música, no teatro e no direito, "a obra se completa com o concurso de dois personagens, o autor e o intérprete".[159] Porta de entrada dos valores no direito,[160] os princípios materializam

---

[156] SILVA, José Afonso da. *Aplicabilidade das normas constitucionais*. 3. ed. São Paulo: Malheiros Editores, 1998. p. 81-83. BARROSO, Luis Roberto. *Interpretação e aplicação da Constituição: fundamentos de uma dogmática constitucional transformadora*. 3. ed. São Paulo: Saraiva, 1999. p. 243-244.

[157] Conforme ÁVILA, Humberto Bergmann. *Teoria dos princípios: da definição à aplicação dos princípios jurídicos*. 6. ed. rev. ampl. São Paulo: Malheiros Editores, 2006. p. 85

[158] GRAU, Eros Roberto. *Ensaio e discurso sobre a interpretação/aplicação do direito*. 2. ed. São Paulo: Malheiros, 2003. p. 26.

[159] Idem. p. 26.

[160] ALEXY, Robert. Teoria dos direitos fundamentais. Trad. Virgílio Afonso da Silva. São Paulo: Malheiros, 2008. p. 153 apud GOMES, Fábio Rodrigues. *Direitos fundamentais dos trabalhadores: critérios de identificação e aplicação prática*. São Paulo: LTr, 2013. p. 44

um estado de coisas almejado pela sociedade, cuja implementação será obrigatória.[161]

Diante de um contexto constitucional como o brasileiro, no qual figuram, por exemplo, enunciados como os do artigo 1º, incisos III e IV (dignidade da pessoa humana e valor social do trabalho), bem como vistas as coisas sob o ângulo da literalidade do texto e da classificação tradicional dos direitos fundamentais pelo seu objeto, o fato de a Constituição de 1988 prescrever o direito ao trabalho como um direito social fecharia todas as possibilidades de avançar para além da ideia unanimemente recusada do direito a um posto de trabalho. De qualquer modo, o que importa salientar é que a complexidade estrutural e funcional dos direitos fundamentais impede que se impute ao direito ao trabalho apenas aquele sentido que mais o enfraquece, quando, ao fim e ao cabo, ele é muito mais do que isso, é um direito fundamental como um todo.

A reflexão, porém, que se exige nos dias atuais a respeito do constitucionalismo brasileiro é como resolver o problema da aplicabilidade real e efetiva dos direitos sociais implantados pela Constituição dita cidadã. É o que assevera Paulo Bonavides quando apregoa que o desafio atual é concretizar o texto constitucional, "introduzi-lo na realidade".[162]

É necessário reiterar a relação entre dignidade da pessoa humana e direitos fundamentais, na medida em que, tecnicamente, não se pode afirmar que exista um direito fundamental à dignidade, eis que esse é intrínseco ao ser humano. Como explica Ingo Wolfgang Sarlet,[163] quando se fala em direito à dignidade, se está, em verdade, a considerar o direito ao reconhecimento, respeito, proteção e até mesmo promoção e desenvolvimento da dignidade, podendo inclusive falar-se de um direito a uma existência digna.

Jorge Miranda explica que "a dignidade da pessoa humana reporta-se a todas e a cada uma das pessoas e é a dignidade da pessoa, individual e concreta".[164] O raciocínio desenvolvido aqui é no sentido de que o desrespeito a um indivíduo humano será desrespeito ao próprio

---

[161] ÁVILA, Humberto Bergmann. *Teoria dos princípios: da definição à aplicação dos princípios jurídicos*. 6. ed. rev. ampl. São Paulo: Malheiros Editores, 2006. p. 71-72.

[162] BONAVIDES, Paulo. *Curso de direito constitucional*. 21. ed. São Paulo: Malheiros, 2007. p. 381-382.

[163] Conforme SARLET, Ingo Wolfgang. *A eficácia dos direitos fundamentais: uma teoria geral dos direitos fundamentais na perspectiva constitucional*. 10. ed.rev.atual. e ampl. Porto Alegre: Livraria do Advogado, 2010. p. 309-332.

[164] MIRANDA, Jorge. *Manual de Direito Constitucional*. 2. ed. tomo IV (Direitos Fundamentais). Coimbra: Coimbra Editora, 1998. p. 172.

gênero humano.[165] Conclui Jorge Miranda, que "cada pessoa vive em relação comunitária, mas a dignidade que possui é dela mesma, e não da situação em si", eis que "só a dignidade justifica a procura da qualidade de vida".[166] A pessoa humana só se compreende na sua inteireza quando visualizada em sua plenitude.

A importância que a sociedade confere à dignidade da pessoa humana nas relações pessoais, privadas e de maneira mais ampla com o macrossistema da cultura social e jurídica, enfrentando a sua repercussão concreta e efetiva, está imbricada com a potencialidade que se atribui à capacitação de quem compõe, em última análise, a sociedade.

Desta forma, quanto mais protegida a dignidade da pessoa humana mais desenvolvida, culturalmente, a sociedade e mais próxima estará essa de uma realização efetiva das possibilidades de seus formadores. Uma sociedade que não perquire, não discute e não confere possibilidades para uma ampliada discussão social e jurídica da importância da pessoa em sua plenitude, e, por assim dizer, integral na perspectiva física e psíquica, deixa de cumprir o seu principal papel: o desenvolvimento integral da pessoa. Razão pela qual se faz indispensável partir do ponto de vista da obra desenvolvida pelo pensamento do filósofo alemão Immanuel Kant, que compreende que só aos seres racionais foi conferida a faculdade de se guiar por princípios. Refere o autor:

> [...] tudo na natureza age segundo leis. Só um ser racional tem a capacidade de agir *segundo a representação* das leis, isso é, segundo princípios, ou; só ele tem uma vontade. Como para derivar as acções das leis é necessária a *razão* a vontade não é outra coisa senão razão prática. Se a razão determina infalivelmente a vontade, as acções de um tal ser, que são conhecidas como objectivamente necessárias, são também subjectivamente necessárias, isso é, a vontade é a faculdade de escolher só aquilo que a razão, independentemente da inclinação, reconhece como praticamente necessário, quer dizer, como bom.[167]

Na perspectiva de Immanuel Kant, ao longo de sua obra, pode ser esclarecida a amplitude do papel do ser por meio do seu ato de vontade apontando os seus contornos:

> [...] a vontade é uma espécie de causalidade dos seres vivos, enquanto racionais, e a *liberdade* seria a propriedade desta causalidade, pela qual ela pode ser eficiente, independentemente de causas estranhas que a *determinem*; assim como necessidade natu-

---

[165] MELLENDO, Tomás; MILLAN-PUELLES, Lourdes. *Dignidad: ¿Una palabra vacía?* Navarra: Ediciones Universdidad de Navarra S A, 2000. p. 169.

[166] MIRANDA, Jorge. *Manual de Direito Constitucional*. 2. ed. tomo IV (Direitos Fundamentais). Coimbra: Coimbra Editora, 1998. p. 172.

[167] KANT, Immanuel. *Fundamentação da metafisica dos costumes*. Tradução de Paulo Quintela. Lisboa: Edições 70, 1995. p. 47.

ral é a propriedade da causalidade de todos os seres irracionais de serem determinados à atividade pela influência de causas estranhas.[168]

Compreender a dignidade da pessoa humana envolve uma séria discussão no campo das ideias na esfera jurídica constitucional e no campo de todas as relações na esfera do direito infraconstitucional inclusive, além de outras repercussões do pleno desenvolvimento da pessoa na perspectiva física, emocional, intelectual, psíquica e afetiva, porém este estudo não tem esta dimensão e permite-se deixar de enfrentá-la de forma extensiva.

Se, porém, a dignidade da pessoa humana não é espécie do gênero direitos fundamentais, sua relação com esses direitos constitucionalmente positivados é bastante próxima, vez que parece conglobar em si todos aqueles, quer sejam individuais, quer sejam de fundo econômico ou social. Pode-se, portanto, dizer que os direitos fundamentais são meros desdobramentos da dignidade da pessoa humana.

Logo, a dignidade da pessoa humana não é uma simples criação legislativa, porquanto apenas se reconhece no texto constitucional a eminência como valor (ou princípio básico), cuja existência, bem como o próprio conceito de pessoa humana, são dados anteriores, aferidos de modo prévio à normação jurídica.[169] É o que se chama de princípio estruturante, constitutivo e indicativo das ideias diretivas básicas de toda a ordem constitucional. Tal princípio ganha concretização por meio de outros princípios e regras constitucionais,[170] como por exemplo: princípio da igualdade e valor social do trabalho.

Enfrentar a teoria dos princípios adquire especial relevo, porque os direitos fundamentais sociais, assim como os direitos fundamentais em geral, apresentam-se protegidos amiúde por meio de princípios constitucionais. A teoria dos princípios constitui um dos pilares da teoria dos direitos fundamentais.[171]

Com efeito, Ingo Wolfgang Sarlet relembra que o ponto de partida para uma definição do que seja a dignidade humana é a conhecida

---

[168] KANT, Immanuel. *Fundamentação da metafísica dos costumes*. Tradução de Paulo Quintela. Lisboa: Edições 70, 1995. p. 93.

[169] PRADO, Luiz Regis. *Comentários ao Código Penal*. 2. ed. São Paulo: Revista dos Tribunais, 2003. p. 24.

[170] FACHIN, Zulmar. *Teoria geral do direito constitucional*. 2. ed. Londrina: Universidade Estadual de Londrina, 2006. p. 198-99.

[171] Segundo Luís Afonso Heck: "Na jurisprudência do Tribunal Constitucional Federal [alemão] há uma série de decisões, cuja fórmula decisória contém os princípios constitucionais como critério normativo, muitas vezes, em conexão com artigos da Lei Fundamental." Ver: *O Tribunal Constitucional Federal e o desenvolvimento dos princípios constitucionais*. Porto Alegre: Sérgio Antônio Fabris, 1995. p. 173.

fórmula kantiana, segundo a qual o homem não deve ser tratado como meio, mas tão somente como um fim em si mesmo.¹⁷² Daí por que se faz necessário salientar a noção de pessoa humana que se pretende adotar.

De plano, é importante ressaltar que não se pretende "reduzir" a dignidade humana à noção de trabalho. Pois caso considerássemos "menos digno" o indivíduo que não trabalha, estaríamos incorrendo numa verdadeira petição de princípio, já que se parte da premissa de que o ser humano, independente do papel que assuma na sociedade, é um "valor em si mesmo".¹⁷³

O reconhecimento da dignidade humana das pessoas com deficiência defronta-se com a sua inexorável realidade de exclusão social, política, econômica e cultural. A exclusão dessas pessoas só faz crescer a sua invisibilidade ante o meio social, apartando-as cada vez mais deste último. Falar de exclusão é referenciar a sua faceta antônima: a inclusão. Ontem se mencionava que era preciso "integrar", hoje se requer "incluí-las" em todos os setores da vida em sociedade.

Não por coincidência, a Convenção sobre os Direitos das Pessoas com Deficiência possui, desde o seu preâmbulo, nove referências à dignidade humana. E enquanto destaca, logo no seu artigo 1°, que o seu propósito é o de "promover, proteger e assegurar o exercício pleno e equitativo de todos os direitos humanos e liberdades fundamentais por todas as pessoas com deficiência e promover o respeito pela sua dignidade inerente", à frente, no seu artigo 8.1.a, diz que os Estados se comprometem a adotar medidas imediatas, efetivas e apropriadas para: "Conscientizar toda a sociedade, inclusive as famílias, sobre as condições das pessoas com deficiência e fomentar o respeito pelos direitos e pela dignidade das pessoas com deficiência".¹⁷⁴

De igual forma, a dignidade da pessoa humana vem prevista na Constituição Federal brasileira no artigo 1°, inciso III, e artigo 226, parágrafo 7°, da Constituição Federal brasileira. Vê-se, então, que o conceito jurídico da dignidade da pessoa humana é conceito fundamental,

---

¹⁷² SARLET, Ingo Wolfgang. As dimensões da dignidade da pessoa humana: construindo uma compreensão jurídico-constitucional necessária e possível. In. SARLET, Ingo Wolfgang (Org.). *Dimensões da dignidade: ensaios de filosofia do direito e direito constitucional.* Trad. Ingo Wolfgang Sarlet, Pedro Scherer de Mello Aleixo, Rita Dostal Zanini. Porto Alegre: Livraria do Advogado, 2007. p. 21, nota de rodapé n. 27.

¹⁷³ Idem. p. 16.

¹⁷⁴ BRASIL. Decreto 6.949, de 25 de agosto de 2009. *Convenção sobre os Direitos das Pessoas com Deficiência e seu Protocolo Facultativo.* Disponível em: <http://www.planalto.gov.br/ccivil_03/_ato2007-2010/2009/decreto/d6949.htm>. Acesso em: 14 jan. 2014.

centrado no vértice da Constituição, e funciona como verdadeiro postulado supremo do sistema jurídico brasileiro.

O ideário da igualdade humana é e sempre foi uma das mais importantes proposições relacionadas aos direitos fundamentais, e há décadas ocupa um espaço considerável nas discussões doutrinárias. O princípio da igualdade é a manifestação precípua do princípio da dignidade da pessoa humana e deve ser analisado no tópico seguinte.

1.5.3. A dignidade da pessoa humana como catalisadora do direito à igualdade

Na busca de assegurar o tratamento isonômico para todos os entes da sociedade, o Estado Democrático desenvolveu políticas que permitiram uma atenção diferenciada a determinados grupos sociais. Este tratamento diferenciado foi legitimado através do princípio da igualdade, presente no artigo 5º da Constituição Federal de 1988; visto que, certos grupos sociais – como, por exemplo, as pessoas com deficiência – careciam de uma proteção estatal diferenciada para proporcionar a igualdade desejada.

O princípio da igualdade, também chamado de princípio da isonomia, possui ampla relevância no ordenamento constitucional positivo pátrio e comparado, posto que assume o papel de afastar todo tipo de discriminação e tratamento desigual aos cidadãos. Pode ser visto sob a ótica de dois aspectos: o formal e o material, que em breves linhas podem ser resumidas. A igualdade formal significa uniformidade perante a lei, que vede tratamento desigual aos iguais, que dispensa um tratamento jurídico igualitário a todos, sem maiores distinções.[175] A igualdade material, por seu turno, pressupõe um trato diferenciado e não consiste em um tratamento igualitário, sem distinção, a todos. Um dos desdobramentos da igualdade fática são as políticas de ação afirmativa, que dispensam medidas destinadas a determinados grupos socialmente excluídos de forma a oportunizar uma verdadeira igualdade de tratamento e de oportunidades àqueles.[176]

Assim, de acordo com Arion Sayão Romita:

> A ideia de igualdade deve converter-se em igualdade material. Deve inspirar medidas legislativas que reconheçam as situações concretas dessemelhantes, a fim de lhes dispensar tratamento diferenciado. Esta é a noção consagrada pelo Estado Social de

---

[175] MADRUGA, Sidney. *Pessoas com deficiência e direitos humanos: ótica da diferença e ações afirmativas*. São Paulo: Saraiva, 2013. p. 119.

[176] Idem. p. 121.

Direito, que assimila a possibilidade material da existência de desigualdades fáticas existentes na vida real.[177]

Luiz Alberto David Araujo[178] advoga que a igualdade, desta forma, deve ser a regra mestra de aplicação de todo o entendimento do direito à inclusão das pessoas com deficiência. A igualdade formal deve ser quebrada diante de situações que, logicamente, autorizam tal ruptura. Assim, é razoável entender-se que a pessoa com deficiência tem, pela sua própria condição, direito à quebra da igualdade, em situações das quais participe com pessoas sem deficiência. Busca-se a compensação das desvantagens para que se chegue o mais próximo possível da igualdade, nas palavras de Jonh Rawls: "o princípio da compensação pressupõe o reconhecimento das diferenças e afirma que as imerecidas desigualdades requerem uma compensação [...]".[179] O princípio constitucional da igualdade é um pressuposto do entendimento e conformador de todo o direito, regra hermenêutica.[180]

Insta esclarecer que a doutrina trata do princípio da igualdade juntamente com o princípio da não discriminação, tendo em vista o natural liame que possuem. Na busca, em princípio incompatível, de preservar o direito à diferença e eliminar as desigualdades injustificadas, abre-se espaço para aplicar o princípio da não discriminação como complemento do princípio da igualdade.

Maurício Godinho Delgado,[181] explica que o direito possui regras de caráter positivo e outras de caráter negativo, sendo que as primeiras imputam vantagens jurídicas aos titulares, enquanto as de caráter negativo inviabilizam condutas agressoras contra o patrimônio material e moral das pessoas, destacando que, dentre as de caráter negativo, estão as regras que combatem a discriminação. Enuncia de forma precisa o fenômeno, afirmando que:

> Discriminação é a conduta pela qual nega-se à pessoa tratamento compatível com o padrão jurídico assentado para a situação concreta por ela vivenciada. A causa da

---

[177] ROMITA, Arion Sayão. Trabalho do deficiente. *Revista Consulex*, n. 5, São Paulo, maio 2000, p. 28.

[178] ARAUJO, Luiz Alberto David. *A proteção constitucional das pessoas com deficiência*. 4. ed. rev. ampl. e atual. Brasília: CORDE, 2011. Disponível em: <http://www.pessoacomdeficiencia.gov.br/app/sites/default/files/publicacoes/a-protecao-constitucional-das-pessoas-com-deficiencia_0.pdf>. Acesso em: 26 mar. 2014.

[179] RAWLS, John. apud ROMITA, Arion Sayão. Trabalho do deficiente. *Revista Consulex*, n. 5, São Paulo, maio 2000, p. 18.

[180] Nesse sentido, ver: FREITAS, Juarez. *A interpretação sistemática do direito*. 5. ed. São Paulo: Malheiros, 2010.

[181] DELGADO, Maurício Godinho. Proteções contra discriminação na relação de emprego. In: VIANA, Márcio Túlio; RENAULT, Luiz Otávio Linhares (Coord.). *Discriminação*. São Paulo: LTr, 2000. p. 97.

discriminação reside, muitas vezes, no cru preconceito, isto é, um juízo sedimentado desqualificador de uma pessoa em virtude de uma sua característica, determinada externamente, e identificadora de um grupo ou segmento mais amplo de indivíduos (cor, raça, sexo, nacionalidade, riqueza, etc.). Mas pode, é óbvio, também derivar a discriminação de outros fatores relevantes a um determinado caso concreto específico.[182]

Todavia, considerando que certas discriminações estão arraigadas na cultura e são difíceis de detectar e de coibir, constatou-se que a incorporação do princípio da igualdade no ordenamento constitucional e a expressa vedação de práticas discriminatórias não eram suficientes para afastar as desigualdades existentes na sociedade.[183] Nesse contexto, surgem as "ações afirmativas" – também conhecidas como "discriminação positiva" – que se tratam de políticas sociais compensatórias a serem praticadas por entidades públicas, privadas e por órgãos jurisdicionais, com o objetivo de promover igualdade entre os diferentes grupos que compõem uma sociedade. Logo, a ação afirmativa possui tal caráter de participação, cujo Estado chama as demais entidades a contribuir na concessão de possibilidades ao grupo discriminado.

Segundo o glossário do Ministério do Trabalho e Emprego – MTE,[184] ação afirmativa é uma estratégia de política social ou institucional voltada a alcançar a igualdade de oportunidades entre as pessoas, distinguindo e beneficiando grupos afetados por mecanismos discriminatórios com ações empreendidas em um tempo determinado, objetivando, por consequência, mudar positivamente a situação de desvantagem desses grupos.

De acordo com Álvaro Ricardo de Souza Cruz:[185]

As ações afirmativas podem ser entendidas como medidas públicas e privadas, coercitivas ou voluntárias, implementadas na promoção/integração de indivíduos e grupos sociais tradicionalmente discriminados em função de sua origem, raça, sexo, opção sexual, idade, religião, patogenia física/psicológica, etc.

Para Amauri Mascaro do Nascimento:[186]

Não há necessidade de lei que as fundamente. Podem ser previstas por um programa de governo ou, mesmo sem este, por uma ação social. Desse modo, muitas vezes, quando não previstas em sua norma legal cominatória, carecem de exigibilidade jurídica

---

[182] DELGADO, Maurício Godinho. *Curso de direito do trabalho.* 4. ed. São Paulo: LTr, 2005. p. 772.

[183] GOLDFARB, Cibelle Linero. *Pessoas portadoras de deficiência e a relação de emprego: o sistema de cotas no Brasil.* Curitiba: Juruá, 2009. p. 133.

[184] Vide site: <www.mte.gov.br>. Acesso em: abr. 2010.

[185] CRUZ, Álvaro Ricardo de Souza. *O direito à diferença: as ações afirmativas como mecanismo de inclusão social de mulheres, negros, homossexuais e pessoa portadoras de deficiência.* Belo Horizonte: Del Rey, 2003. p. 185.

[186] NASCIMENTO, Amauri Mascaro. *Curso de direito do trabalho.* 21. ed. rev. e atual. São Paulo: Saraiva, 2006. p. 381.

e, não obstante, podem ter a criação ou ampliação de uma cultura de solidariedade ou de responsabilidade social. O trabalho voluntário é uma das suas alavancas, porém, por outros meios, também, podem concretizar-se. Uma empresa pode desenvolver ações afirmativas internas por sua iniciativa para implementar uma cultura propícia de combate à discriminação em suas diversas formas.

Joaquim Barbosa Gomes ensina que as ações afirmativas, em um primeiro momento, instigaram, encorajaram, as autoridades públicas, sem as obrigar, a tomar decisões em prol de grupos flagrantemente excluídos.[187] Ainda, o ministro aposentado do Supremo Tribunal Federal – STF definiu as ações afirmativas como políticas públicas voltadas à concretização do princípio constitucional da igualdade material e à neutralização dos efeitos perversos da discriminação. "A igualdade deixa de ser simplesmente um princípio jurídico a ser respeitado por todos, e passa a ser um objetivo constitucional a ser alcançado pelo Estado e pela sociedade", ressaltou.[188]

As ações afirmativas, portanto, compensam danos oriundos do passado, com raízes históricas profundas, e podem decorrer de: a) imposição legal que institua cotas ou conceda incentivos fiscais; b) judicial que determine a observância ou cumprimento de tais leis; ou c) de ações voluntárias de entidades privadas que estimulem ou pressionem a adoção de tais medidas. Concluindo-se, pois, que tais contêm elementos concernentes à compensação pessoal, à mobilização de grupos privados, à pró-atividade do Estado e à materialização da igualdade constitucional. Mediante as ações afirmativas a efetivação da igualdade não mais se atém à proibição de práticas discriminatórias, mas sim de um reconhecimento formal da igualdade, através da efetiva proibição de atos e da promoção de medidas que visem a erradicar preconceitos enraizados na sociedade, os quais levam à marginalização injustificada de certos grupos sociais.[189]

Assim, o princípio da igualdade nada mais faz do que ventilar situações, de forma que as pessoas compreendidas venham a ser tratadas por critérios diferentes e que, para alguns, sejam deferidos determinados direitos e obrigações que não assistem a outros, sendo que os pontos de diferença que se atribuem para discriminar determinadas

---

[187] GOMES, Joaquim Benedito Barbosa. *Ação Afirmativa & o Princípio Constitucional da Igualdade (O Direito como instrumento de transformação social. A experiência dos EUA)*. São Paulo: Renovar, 2001. p. 35-38.

[188] Disponível em: <http://www.stf.jus.br/portal/cms/verNoticiaDetalhe.asp?idConteudo=206023#>. Acesso em 20 maio 2013.

[189] GOLDFARB, Cibelle Linero. *Pessoas portadoras de deficiência e a relação de emprego:* o sistema de cotas no Brasil. Curitiba: Juruá, 2009. p. 117-118

situações devem ser decorrentes de aptidões pessoais, e não de outros critérios individuais personalíssimos.[190]

O princípio de igualdade de direitos, em resumo, que as necessidades de cada pessoa têm igual importância, que essas necessidades constituem a base da planificação das sociedades e que todos os recursos são empregados de maneira a garantir que todas as pessoas tenham as mesmas oportunidades de participação.

De uma forma geral, é comum observarem-se nos textos jurídicos, quando da discussão travada em torno do princípio da igualdade, várias menções relativas à expressão "igualdade de oportunidades". Fala-se muito em garantir, buscar, fomentar, promover a igualdade de oportunidades sem, no entanto, maiores preocupações quanto a sua definição.

No que diz respeito às pessoas com deficiência, a conceituação de igualdade de oportunidades figura em dois diplomas legais: um de âmbito internacional e outro regional. O primeiro é o Programa de Ação Mundial para Pessoas com Deficiência, aprovado pela Assembleia Geral das Nações Unidas, mediante a Resolução n. 37/52, de 03 de dezembro de 1982, cujos objetivos centravam-se na reabilitação e na realização da igualdade e participação plena das pessoas com deficiência. O diploma referenciado assim define, em seu artigo 12, a igualdade de oportunidades como sendo

> o processo mediante o qual o sistema geral da sociedade – o meio físico e cultural, a habitação, o transporte, os serviços sociais e de saúde, as oportunidades de educação e de trabalho, a vida cultural e social, inclusive as instalações esportivas e de lazer – torna-se acessível a todos.[191]

O sentido, portanto, que se queira emprestar à busca pela igualdade de oportunidades centra-se, em primeiro plano, no processo de luta pela inclusão social, por meio de medidas de ação positiva (afirmativa) que busquem integrar as reivindicações de igualdade com as de reconhecimento da diferença.

Dez anos depois, a Assembleia Geral da ONU adotou o documento Normas sobre a Equiparação de Oportunidades para Pessoas com Deficiência (Resolução n. 48/96, de 20 de dezembro de 1993), que traz a seguinte definição:

---

[190] CISZEWSKI, Ana Claudia Vieira de Oliveira. *O trabalho da pessoa portadora de deficiência*. São Paulo: LTr, 2005. p. 46

[191] ORGANIZAÇÃO DAS NAÇÕES UNIDAS. Programa de Ação Mundial para Pessoas com Deficiência. Disponível em: <http://www.direitoshumanos.usp. br/index.php/Direito-dos-Portadores-de-Defici%C3%AAncia/programa-de-acao-mundial-para-as-pessoas-deficientes.html>. Acesso em: 14 jan. 2014.

> O termo "equiparação de oportunidades" significa o processo através do qual os diversos sistemas da sociedade e do ambiente, tais como serviços, atividades, informações e documentação, são tornados disponíveis para todos, particularmente para pessoas com deficiência.[192]

Em todas essas definições, está implícito o princípio da igualdade, conforme consta no item 25 do texto internacional acima referido:

> O princípio de direitos iguais implica que as necessidades de cada um e de todos são de igual importância e que essas necessidades devem ser utilizadas como base para o planejamento das comunidades e que devem ser utilizadas como base para o planejamento das comunidades e que todos os recursos precisam ser empregados de tal modo que garantam que cada pessoa tenha oportunidade igual de participação.[193]

Ainda, no campo laboral, Sandro Nahmias Melo,[194] que discorre sobre a questão da igualdade de oportunidades de trabalho das pessoas com deficiência e define as ações afirmativas como instrumento de inclusão social.

Segundo Flávia Piovesan,[195] há dois tipos de estratégias que se destacam com relação às ações afirmativas, a saber: a primeira de cunho repressivo, enquanto a segunda objetiva promover, fomentar a igualdade. Para a autora, faz-se necessário proibir a discriminação "com políticas compensatórias que acelerem a igualdade como processo", na medida em que as estratégias promocionais são essenciais para a inserção e inclusão de grupos socialmente vulneráveis nos espaços sociais. Igualdade e discriminação, prossegue, pairam sob o binômio inclusão-exclusão. Assim, se por um lado a igualdade pressupõe formas de inclusão social, a discriminação implica violenta exclusão e intolerância à diferença e à diversidade. E, como instrumento de inclusão social das pessoas com deficiência, situam-se as ações afirmativas, que buscam a igualdade na diferença, como elemento garantidor da dignidade da pessoa humana.

No Judiciário brasileiro, a análise de mérito quanto às medidas de ações afirmativas foi, de início, enfrentada tão somente pelos tribunais de segunda instância, observando-se raros julgados nos Tribunais Superiores, em geral de caráter liminar e por decisão monocrática. Essa

---

[192] ORGANIZAÇÃO DAS NAÇÕES UNIDAS. Normas sobre a Equiparação de Oportunidades para Pessoas com Deficiência (Resolução 48/96, de 20 de dezembro de 1993). Disponível em: <http://cac-php.unioeste.br/projetos/pee/m_gra/nor_equ.php>. Acesso em: 15 jan. 2014.

[193] ORGANIZAÇÃO DAS NAÇÕES UNIDAS. Normas sobre a Equiparação de Oportunidades para Pessoas com Deficiência (Resolução 48/96, de 20 de dezembro de 1993). Disponível em: <http://cac-php.unioeste.br/projetos/pee/m_gra/nor_equ.php>. Acesso em: 15 jan. 2014.

[194] MELO, Sandro Nahmias. *O direito ao trabalho da pessoa portadora de deficiência: o princípio constitucional da igualdade: ação afirmativa*. São Paulo: LTr, 2004. p. 122.

[195] PIOVESAN, Flávia. Ações afirmativas da perspectiva dos direitos humanos. *Cadernos de Pesquisa*, vol. 35, n. 124, p. 48-49, jan.-abr. 2005.

realidade, no entanto, foi modificada a partir do ano de 2012, quando o Supremo Tribunal Federal – STF proferiu decisão histórica e favorável a respeito da constitucionalidade das ações afirmativas. O voto do Ministro Relator Ricardo Lewandowski foi de suma importância ao estabelecer, dentre outros pontos, que o princípio da igualdade deve ser aplicado sob a ótica de justiça distributiva.[196]

Importante destacar que o direito do trabalho foi a primeira ação afirmativa historicamente consolidada. Na verdade, os princípios que regem o direito do trabalho, bem como os fundamentos históricos que o precederam, aplicam-se para justificar integralmente as normas de ação afirmativa laboral.[197]

Na ordem constitucional brasileira, insta realçar que somente a partir da Constituição de 1988 é o princípio da igualdade foi alçado a direito fundamental (art. 5º, caput) como núcleo básico dos direitos e garantias fundamentais, previsto como disposição primeira no Capítulo I (Dos Direitos e Deveres Individuais e Coletivos) do Título II (Dos Direitos e Garantias Fundamentais). De fato, a Constituição Federal de 1988 desenhou com traços fortes um modelo de Estado Social bastante preocupado com as relações jurídicas travadas entre sujeitos desiguais. A Itália promove tratamento diferenciado e amplo às pessoas com deficiência, conquistado por meio de fundamentos constitucionais bem definidos. A saber. O artigo 1º da Constituição italiana de 1948 já demonstra a importância que o trabalho assume para a sociedade. O princípio da igualdade de todos perante a lei está previsto no artigo 3º, estando expressamente previsto neste artigo também o princípio da dignidade da pessoa humana. O artigo 4º, por sua vez, merece ser transcrito, na medida em que prevê a responsabilidade do Estado de criar condições para a inserção da pessoa com deficiência no mercado de trabalho, veja-se:

> Art. 4. La Repubblica riconosce a tutti i cittadini il diritto al lavoro e promuove le condizioni che rendano effettivo questo diritto.
>
> Ogni cittadino ha il dovere di svolgere, secondo le proprie possibilità e la propria scelta, un'attività o una funzione che concorra al progresso materiale o spirituale della società.[198]

---

[196] BRASIL. Supremo Tribunal Federal. Arguição de Descumprimento de Preceito Fundamental 186, Distrito Federal. Ministro Ricardo Lewandowski. Disponível em: <http://www.stf.jus.br/arquivo/cms/noticiaNoticiaStf/anexo/ADPF186RL.pdf>. Acesso em: 14 jan. 2014.

[197] COSTA, Sandra Morais de Brito. *Dignidade humana e pessoa com deficiência*. São Paulo: LTr, 2008. p. 26.

[198] ITÁLIA. La Costituzione della Repubblica Italiana. Disponível em: <http://www.governo.it/Governo/Costituzione/principi.html>. Acesso em: 15 jan. 2014.

Como afirma a jornalista Ana Maria Morales Crespo,

> sem dúvida, parece quase utópico falar no direito ao trabalho das pessoas deficientes, num país com milhões de não-deficientes desempregados. No entanto, a verdade é que, se considerarmos os deficientes como cidadãos tão de primeira classe quanto qualquer outro, não podemos nos intimidar com a triste realidade do desemprego atual no País.[199]

A leitura do texto escrito acima demonstra que não há como se pensar a dignidade da pessoa humana – fundamento de toda ordem constitucional, conforme artigo 1º, inciso III, da Constituição Federal de 1988 – de forma desconectada com do trabalho.

Nesta oportunidade, objetivou-se compreender o que é e como se viabiliza o direito fundamental ao trabalho, em especial das pessoas com deficiência, para, então, concluir, com a escrita do próximo capítulo, se, com a utilização das novas tecnologias – via teletrabalho, por exemplo, no contexto da Sociedade da Informação, o valor social do trabalho tem aplicação efetiva, a partir do princípio da solidariedade e da fraternidade.

---

[199] CRESPO, Ana Maria Morales. Trabalho. In. *Pessoas com deficiência e a construção da cidadania*. São Paulo: PRODEF, 1995. p. 8-9. apost. apud SASSAKI, Romeu Kazumi. *Inclusão. Construindo uma sociedade para todos*. Rio de Janeiro: WVA, 1997. p. 62-63.

2. Teletrabalho: o desafio da inclusão social da pessoa com deficiência – reflexão crítica a partir do valor social do trabalho e da fraternidade

2.1. Valor social do trabalho

O trabalho possui uma valoração entre os seres humanos. Esta valoração flutuou muito ao longo da história das relações. A evolução da razão humana e, principalmente, de alguns ideais calcados e/ou transformados em princípios basilares para o convívio humano sadio foi transformando o trabalho-dever[200] em trabalho-direito. Assim, por exemplo, a liberdade de trabalho se consolida e se positiva (fim da escravidão, das corporações de ofício, etc.), e as ideias de trato "desigual aos desiguais", em âmbito laboral, concretizam-se em diretrizes internacionais (convenções da OIT, por exemplo) e nacionais (a própria Consolidação das Leis do Trabalho, no Brasil, é exemplo de ordenamento protetivo ao mais frágil, objetivando igualar juridicamente os que são social e economicamente desiguais), com forte influxo dos fundamentos da Justiça Social.

Digressões à parte, o texto constitucional indica, no seu artigo 1°, inciso IV, como fundamento da República Federativa do Brasil, o valor social do trabalho; de outra parte, no artigo 170, caput, afirma que a ordem econômica deve estar fundada na valorização do trabalho humano. Tanto em um quanto em outro caso, está-se diante de um princípio

---

[200] Embora existam coerentes argumentações no sentido de que trabalho-dever não é conceito depreciativo ou de cunho negativo. Ao contrário, estaria lastreado no princípio da fraternidade, "manifestando-se como um dever genérico com a sociedade, ou seja, como uma parcela de contribuição que compete a cada cidadão para a melhoria da coletividade" (In. FONSECA, Maria Emília. *Direito ao Trabalho: um direito fundamental no ordenamento jurídico brasileiro*. São Paulo: LTr, 2009. p. 109) uma espécie de dever metaindividual, portanto correspondente a direitos genéricos e difusos de bem-estar.

político constitucionalmente conformador,[201] mas ainda constitucionalmente impositivo, além de diretriz constitucional. A existência digna está em perfeita adequação com a valorização do trabalho humano. É cláusula principiológica que constitui o substrato da República Federativa do Brasil (art. 10, inc. IV), expressa com a finalidade de assegurar a todos uma existência digna.

Doutrinariamente, o tema do presente estudo é enfrentado por Rafael da Silva Marques:

> O valor social do trabalho é, e disso não se tem mais dúvidas, ao lado da dignidade da pessoa humana, o elemento principal de toda a Constituição, norma esta pertencente a um Estado Democrático de Direito. Este mesmo Estado, desta forma, apenas existe porque há trabalho humano. Se alguém pode adquirir um bem e dizer "é meu", é porque há trabalho humano. Trabalho humano, portanto, elemento-chave do Estado, deve ser, de uma vez por todas, tratado como tal. É o que se pretende destacar e chamar a atenção com este estudo.[202]

O referido autor destaca que o trabalho, por si, não é um conceito econômico, sendo ele um elemento de existência humana. As pessoas trabalham para, muito além de prover sua subsistência, suprir suas demandas, não apenas materiais, mas também existenciais e de vida.[203]

E prossegue o autor:

> O trabalho não é apenas um elemento de produção. É bem mais do que isso. É algo que valoriza o ser humano e lhe traz dignidade, além, é claro, do sustento. É por isso que deve ser visto, antes de tudo, como um elemento ligado de forma umbilical à dignidade da pessoa humana.
>
> Valorizar o trabalho significa valorizar a pessoa humana, e o exercício de uma profissão pode e deve conduzir ao alcance de uma vocação do homem. Mesmo o mercado, para quem o trabalho nada mais é, isso em uma concepção liberal, do que elemento de produção, não pode prescindir de valorizar o trabalho como elemento crucial ao alcance da dignidade humana.[204]

Concluindo no sentido de que:

> [...] é essa, portanto, a função não só dos intérpretes, mas da sociedade. Proteger o trabalho como elemento-cerne da Constituição de 1988, ao lado da dignidade da pes-

---

[201] Nesse sentido, ver: CANOTILHO, José Joaquim Gomes. Direito Constitucional. 3. ed. Coimbra: Almedina, 1983. p. 200-203. apud GRAU, Eros Roberto. Comentário ao TÍTULO VII DA ORDEM ECONÔMICA E FINANCEIRA. CAPÍTULO I DOS PRINCÍPIOS GERAIS DA ATIVIDADE ECONÔMICA. Art. 170. In. CANOTILHO, José Joaquim Gomes; MENDES, Gilmar Ferreira; SARLET, Ingo Wolfgang; STRECK, Lenio Luiz (Coords). *Comentários à Constituição do Brasil*. São Paulo: Saraiva/Almedina, 2013. p. 1790.

[202] MARQUES, Rafael da Silva. *O Valor Social do Trabalho na Ordem Econômica, na Constituição Brasileira de 1988*. São Paulo: LTr, 2007, p. 146.

[203] Idem, p. 149.

[204] MARQUES, Rafael da Silva. O valor social do trabalho na ordem econômica. In. *Cadernos da ANAMATRA IV*, Porto Alegre, n. 3, abr. /jun. 2007, p. 49.

soa humana, realçando qualquer tentativa de violação deste fundamento, quer de forma legislativa, que no mundo dos fatos. A nova hermenêutica constitucional agasalha esta tese, basta boa vontade por parte da coletividade e dos intérpretes.[205]

Referido autor vislumbra no trabalho não um conceito puramente econômico, mas de existência humana, de dignidade e de aceitação social, utilizando como fonte de apoio Herbert Marcuse,[206] José Felipe Ledur,[207] Francisco Rossal de Araújo,[208] Leonardo Raupp Bocorny,[209] Axel Honneth,[210] dentre outros.

Resume-se afirmando que o valor social do trabalho constitui-se em um dos eixos para o sistema normativo-constitucional brasileiro e contribui de maneira decisiva para a significação do Estado Democrático de Direito. As raízes deste dispositivo constitucional encontram-se em documentos históricos e internacionais, uma vez que brotam da evolução espiralada dos direitos humanos, que vão sobrepondo-se em dimensões. O valor social do trabalho, portanto, encontra-se muito bem confortado na terceira dimensão dos direitos fundamentais que alberga os chamados "direitos de fraternidade".

Nesta senda, na busca da realização do direito ao trabalho da pessoa com deficiência, face ao princípio da igualdade, surge a necessidade de pensar a concretização do princípio esquecido: a fraternidade, cujo conteúdo, por lógica, é fácil e igualmente alocável na terceira dimensão de direitos fundamentais.

2.2. Transformações no mundo do trabalho: a significação para a sociedade

"Trabalho", palavra equívoca, de significação polissêmica, aplicada em diversas acepções, sendo sua etimologia discutida e obscura.

---

[205] MARQUES, Rafael da Silva. O valor social do trabalho na ordem econômica. In. *Cadernos da ANAMATRA IV*, Porto Alegre, n. 3, abr. /jun. 2007, p. 58.

[206] MARCUSE, Herbert. *Cultura e sociedade*. v. II. Rio de Janeiro: Paz e Terra, 1998.

[207] LEDUR, José Felipe. *A realização do direito ao trabalho*. Porto Alegre: Sérgio Antônio Fabris, 1998.

[208] ARAÚJO, Francisco Rossal de. O direito do trabalho e o ser humano. *In*. Continuando a História. Direito do trabalho no limiar do novo milênio. *Revista Justiça do Trabalho*, Porto Alegre, v.15, n.172, p. 82-9, abr. 1998.

[209] BOCORNY, Leonardo Raupp. *A valorização do trabalho humano no Estado Democrático de Direito*. Porto Alegre: Sérgio Antônio Fabris, 2003.

[210] HONNETH, Axel. *Luta por reconhecimento*. A gramática moral dos conflitos sociais. Tradução de Luiz Repa. São Paulo: Editora 34, 2003 (1.ed), 2009 (2.ed).

Resumidamente, nas palavras de Ingo Wolfgang Sarlet,[211] trabalho é toda atividade realizada pelo homem, consciente, que pela inteligência e destreza transforma a natureza. O trabalho é inerente ao homem como condição de sobrevivência, como um valor produtivo no sentido econômico. Com o capitalismo produtivo, o trabalho passa a ser objetivado, como venda da força de trabalho, fator de produção. Além de produzir, deve adquirir no mercado o bem que produziu. É trabalhando que o homem adquire a possibilidade de aquisição de bens necessários à sua subsistência e de sua família no mercado e é no mercado de trabalho que vende sua força de trabalho.

O trabalho constitui, portanto, o núcleo central e o referencial simbólico da sociedade moderna, estruturando-se em uma "sociedade do trabalho". É fundamentalmente pelo trabalho que o sujeito se constitui como um ser social nas relações que trava, reconhecendo-se a partir da própria transcendência. O sucesso profissional é fator de integração social: o trabalhador é a empresa, a profissão que exerce, o cargo que ocupa, o salário que aufere, os bens que consome.

Os trabalhadores podem manter relação de trabalho ou relação de emprego, sendo a primeira o gênero e a segunda a espécie que se caracteriza pela presença dos elementos subordinação, pessoalidade, continuidade e do caráter oneroso, de natureza contratual. Por tal motivo, diante da construção de uma sociedade capitalista – diga-se salarial, como destinatários dos direitos previstos no artigo 7º da Constituição Federal vigente tem-se tão somente os empregados, ou seja, aqueles entendidos como sendo os caracterizados pelo artigo 3º da Consolidação das Leis do Trabalho (Decreto-Lei n. 5.452, de 1º de maio de 1943);[212] não incluídos, portanto, os estagiários, os cooperados, os trabalhadores temporários, os autônomos, os trabalhadores eventuais ou voluntários.

A exaltação do trabalho tem o seu ápice na identificação do trabalho como direito fundamental social, consoante previsão expressa no artigo 6º da Constituição Federal de 1988. Erigido em um dupla pretensão, para além daquele que compra a força de trabalho, o Estado que deverá garantir e desenvolver condições de plena efetividade deste

---

[211] COUTINHO, Aldacy Rachid. Comentário ao CAPÍTULO II. DOS DIREITOS SOCIAIS. Art. 7º 9. Comentários. In. CANOTILHO, J. J. Gomes; MENDES, Gilmar F.; SARLET, Ingo W.; STRECK, Lenio L. (Coords). *Comentários à Constituição do Brasil*. São Paulo: Saraiva/Almedina, 2013. p. 550-551.

[212] Art. 3º Considera-se empregado toda pessoa física que prestar serviços de natureza não eventual a empregador, sob a dependência deste e mediante salário. Ver: BRASIL. Consolidação das Leis do Trabalho. Decreto-Lei n. 5452, de 1 de maio de 1943. Disponível em: < http://www.planalto.gov.br/ccivil_03/decreto-lei/del5452.htm> Acesso em: 26 dez. 2013.

direito fundamental social. Há uma vinculação das entidades privadas e os particulares entre si na concretização dos direitos fundamentais sociais, havendo, nesse sentido, um dever geral de respeito aos direitos fundamentais por parte de todos, que não se esgota no catálogo do artigo 7º da norma constitucional.[213]

Dentre os diversos fatores que ocasionaram alterações nos regimes de trabalho, destaca-se: a realidade econômica, o fenômeno da globalização e, evidentemente, as transformações tecnológicas. Neste contexto, as novas formas de trabalho, como o trabalho a distância, cada vez mais, ganham força. As novas tecnologias contribuem para novas concepções de trabalho, pois o trabalho não mais necessariamente precisa ser realizado no ambiente da empresa. Trata-se de uma reestruturação nas relações de trabalho.

O processo de modernização decorrente dos avanços da ciência pressupõe a implantação no setor produtivo de novas tecnologias, presentes sobremaneira no setor secundário – industrial –, porém ainda determinante de transformações no setor primário – agricultura – e no setor terciário – de serviços. Percebe-se que não há uma vedação constitucional à incorporação das inovações tecnológicas no processo produtivo, momento em que o artigo 7º, inciso XXVII, da Constituição Federal,[214] pretendeu assegurar o uso da tecnologia tão somente em proveito do trabalhador, rechaçando a perspectiva de chancelar o fim de postos de trabalho, ou seja, rejeitá-la enquanto medida de exclusão. A automação gera uma nova perspectiva socioeconômica que pode ser indicada como "trabalho moderno".

A mudança do paradigma produtivo constitui ponto importante para análise do atual estado político, econômico e social da sociedade humana, em face da globalização[215] – fenômeno que se tornou de fala

---

[213] A enumeração dos direitos dos trabalhadores contida no artigo anteriormente citado é meramente exemplificativa, não exaurindo o rol de garantias dos trabalhadores (ADI 639, voto do Min. Joaquim Barbosa, julgamento em 02.06.2005, DJ de 21.10.2005). O abandono da taxatividade tem como escopo a perspectiva de uma sociedade em constante transformação, que busca em um processo contínuo a melhoria da condição social. Portanto, todos os dispositivos fundamentais têm aplicação e eficácia imediata, sendo jurisdicionáveis pelos titulares tanto nas relações entre os particulares como ainda em face do Estado. In. COUTINHO, Aldacy Rachid. Comentário ao CAPÍTULO II. DOS DIREITOS SOCIAIS. Art. 7º In. CANOTILHO, José Joaquim Gomes; MENDES, Gilmar Ferreira; SARLET, Ingo Wolfgang; STRECK, Lenio Luiz (Coords). Comentários à Constituição do Brasil. São Paulo: Saraiva/Almedina, 2013. p. 552.

[214] Art. 7º [...] XXVII – proteção em face da automação, na forma da lei; [...]. Ver: BRASIL. Constituição (1988). Constituição da República Federativa do Brasil. Brasília, DF: Senado Federal. Disponível em: <http://www.planalto.gov.br/ccivil_03/constituicao/constituicao.htm> Acesso em: 26 dez. 2013.

[215] MELO FILHO, Hugo Cavalcanti. Impulsos Tecnológicos e Precarização do Trabalho. In. Revista da Amatra VI, ano IV, n. 11, p. 05-08, 2000.

comum tanto no meio científico quanto no cotidiano. Boaventura de Sousa Santos complementa afirmando que nas últimas três décadas as interações transnacionais tomaram maior intensidade, amplitude e profundidade ocasionando o fenômeno multifacetado da globalização.[216] Diante do fenômeno da globalização, fala-se que a sociedade humana está vivendo um momento histórico caracterizado pelo papel central dado ao conhecimento e a informação, assim como pela aplicação deste conhecimento e informação para geração de mais conhecimento, em um círculo de retroalimentação.[217]

Com origem na ideia de globalização e flexibilização, a expressão "Sociedade da Informação" – também chamada de "Sociedade do Conhecimento" – surgiu ao final do século XX. É um termo que passou a ser utilizado como substituto para a denominada "Sociedade Pós-Industrial", ou "Informacional" como prefere Castells,[218] e como forma de transmitir o conteúdo específico do "novo paradigma econômico-social", o qual se baseia num bem precioso, a informação. Diversos autores já tentaram definir a expressão "Sociedade da Informação".

O conceito de "Sociedade da Informação", pode-se dizer, é originário das pesquisas de Alain Touraine e Daniel Bell,[219] em finais dos anos 60 e início dos anos 70, sobre a influência dos avanços tecnológicos nas relações de poder, que identificaram a informação como elemento central da sociedade contemporânea. Suas ideias se popularizaram com a publicação do livro *"The Age of Discontinuity"* de Peter Drucker (1969) e com o livro "O Choque do futuro" de Alvin Toffler (1970). Luís Manuel Borges Gouveia e Sofia Gaio definem "Sociedade da Informação" como a

> sociedade que recorre predominantemente às tecnologias da informação e comunicação para troca de informação em formato digital, suportando a interação entre indivíduos e entre estes e instituições, recorrendo a práticas e métodos em construção permanente.[220]

---

[216] SANTOS, Boaventura de Sousa. *A globalização e as ciências sociais*. São Paulo: Cortez, 2005. p. 25-26.

[217] ROCHA, Marcelo Oliveira. *Direito do Trabalho e Internet*. São Paulo: Livraria e Editora Universitária de Direito, 2004. p. 139.

[218] CASTELLS, Manuel. *A sociedade em rede. A era da informação: economia, sociedade e cultura*. v.1. Trad. Roneide Venâncio Majer; atualização para 6 ed Jussara Simões. São Paulo: Paz e Terra, 1999.

[219] Alain Touraine e Daniel Bell foram provavelmente os primeiros sociólogos a teorizar sobre a Sociedade Pós-Industrial, momento em que o conhecimento se tornou a principal força econômica de produção. Informação disponível em: <http://homepage.ufp.pt/lmbg/reserva/lbg_socinformacao04.pdf>. Acesso em: 10 dez. 2013.

[220] GOUVEIA, Luís Manuel Borges e GAIO, Sofia. *Sociedade da Informação: balanço e oportunidades*. Edições Universidade Fernando Pessoa, 2004. apud GOUVEIA, Luís Manuel Borges. *Sociedade da Informação: Notas de contribuição para uma definição operacional*. Novembro de 2004. Disponível em: <http://homepage.ufp.pt/lmbg/reserva/lbg_socinformacao04.pdf> Acesso em: 10 dez. 2013.

Este novo modelo de organização das sociedades se assenta num modo de desenvolvimento social e econômico onde a informação, como meio de criação de conhecimento, desempenha um papel fundamental na produção de riqueza e na contribuição para o bem-estar e qualidade de vida dos cidadãos. Alvin Tofler acredita que "o mais importante fato econômico de nossa era tem sido a ascensão de um novo sistema para criação de riqueza, baseado não mais nos músculos, mas na mente".[221]

O espaço virtual, cada vez mais, vai se tornando a grande biblioteca da humanidade, no qual estão inseridos, não somente os livros escritos, ao longo da história, mas também a forma de viver e conviver. Para esse espaço, de forma gradativa e dinâmica, está sendo conduzida a vida social, política e econômica, assim como os bens simbólicos e a cultura. O ciberespaço faz com que o mundo seja percebido com uma dimensão completamente nova, de unicidade, eliminando as fronteiras de Estado-nação.[222]

A evolução tecnológica atingiu diversas atividades profissionais, tais como: a administração, a arquitetura, a medicina, a agronomia, a pedagogia, os esportes,[223] e, por que não, o direito; bem como a forma de desenvolver o trabalho nessas e em outras áreas profissionais. A dinâmica que as infovias[224] estabelecem nas trocas de informação e nas comunicações impacta na oportunização de acesso ao mercado de trabalho e, consequentemente, de entretenimento, na medida em que com o uso das tecnologias redesenha os processos de relação social e do exercício do direito fundamental ao trabalho.

O advento da Sociedade da Informação está intimamente vinculado ao desenvolvimento do computador e da internet, oportunizan-

---

[221] TOFFLER, Alvin. *Powershift: as mudanças do poder – um perfil da sociedade do século XXI pela análise as transformações na natureza do poder*. São Paulo: Record, 1995. p. 33.

[222] Canotilho defende a superação da concepção moderna de Estado-nação. CANOTILHO, José Joaquim Gomes. Estado de Direito. *Cadernos Democráticos*, n. 7, fundação Mário Soares, Lisboa: Gradiva, 1998, p. 44.

[223] CUPANI, Alberto. Filosofia da tecnologia. *Filosofia*, Ed. Escala, ano VI, n. 63, set. 2011, p. 16.

[224] O Brasil encontra-se hoje diante dos grandes desafios que o desenvolvimento das telecomunicações trouxe para o século XXI. Este século será, no futuro, conhecido como o século das infovias, assim como o século XIX foi o das ferrovias e o século XX foi o das rodovias e aerovias. Todas essas infra-estruturas exigiram imensos investimentos e foram as grandes alavancas do progresso das nações. Com as infovias não será diferente. Mas há aspectos em que a sua construção tem características próprias: a velocidade e a urgência com as quais elas precisam ser implantadas são determinantes para alcançar metas de inclusão digital e da inclusão social daí decorrente. (NETTO, Alexandre Annenberg. Infovias. In. CGI.br (Comitê Gestor da Internet no Brasil). Pesquisa sobre o uso das tecnologias da informação e da comunicação 2008. São Paulo, 2009, p. 53-56). As infovias são, em outras palavras, estradas eletrônicas onde pode transitar todo tipo de informação, na forma de texto, som ou imagem, entre um ponto gerador e diferentes pontos receptores. Elas são formadas por plataformas eletrônicas, destacando-se como principais o telefone, a televisão, a Internet, os servidores, as bibliotecas multimídia e as salas de videoconferência.

do o desenvolvimento das tecnologias da informação e comunicação.[225] Percebe-se, durante esse período, uma grande evolução tecnológica, principalmente pelo surgimento e popularização de equipamentos de informática (computadores, por exemplo), de telecomunicação (telefones celulares, internet, etc.), de microeletrônica (chips e nano-transmissores) e de robótica (máquinas cada vez mais automatizadas que reduzem a necessidade da mão de obra humana e aumentam a produção). A possibilidade de haver pessoas conectadas em todo o mundo por meio da internet e das outras formas de telecomunicações (fixas ou móveis); possibilitadas pelas tecnologias wireless (redes sem fio), como *bluetooth* e *wi-fi*, que permitem aos usuários que se conectem por meio de diversos dispositivos, a curta distância; favorecem a ampliação dos relacionamentos e facilitam o acesso ao mercado de trabalho, eis que a informação e o conhecimento desconhecem a limitação de espaço e locomoção. A internet – facilmente acessada via smartphones, tablets, notebooks e toda sorte de dispositivos móveis – bem como a enorme variedade de aplicativos atualmente disponíveis permitem a qualquer indivíduo, onde quer que esteja, acessar todo tipo de informação e realizar uma infindável lista de tarefas.

A sociedade virtualizada possibilita que o velho homem territorialista se converta em um cidadão do mundo.[226] Atualmente, são fatos comuns da vida o banco 30 horas, o faturamento automático no caixa de supermercado, compras on line, catálogos de biblioteca e arquivos podem ser consultados e acessados de qualquer lugar do mundo, etc. Sem falar no *telebanking*, *teleshopping* e teleworking,[227] como também da educação a distância, ocasionando uma sociedade centralizada no lar ou onde a pessoa puder estar conectada à internet. Desse modo, há a possibilidade de praticar o teleconsumo, o teletrabalho, a vida doméstica, a vida social e o divertimento da própria casa.[228] A principal crítica à teoria da Sociedade da Informação, referida por Kumar,[229] é que se trata apenas da mais nova ideologia do Estado capitalista, na medida em que foi apenas aperfeiçoado, eis que os objetivos e efeitos

---

[225] KUMAR, Krishan. *Da Sociedade Pós-Industrial à Sociedade Pós-Moderna: Novas Teorias sobre o Mundo Contemporâneo*. Trad. Ruy Jungmann e Carlos Alberto Medeiros. 2. ed. Rio de Janeiro: Jorge Zahar, 2006. p. 46.

[226] SCHAFF, Adam. *A Sociedade Informática: as consequências da segunda revolução industrial*. Trad. Carlos Eduardo Jordão Machado e Luiz Artuno Obojes. 4. ed. São Paulo: Brasiliense, 1995. p. 71.

[227] Traduzido no Brasil como teletrabalho.

[228] DE MASI, Domenico. *O Futuro do Trabalho: Fadiga e Ócio na Sociedade Pós-Industrial*. 5. ed. Trad. Yadyr A. Figueiredo. Rio de Janeiro: José Olímpio, 2000. p. 216.

[229] KUMAR, Krishan. *Da Sociedade Pós-Industrial à Sociedade Pós-Moderna: Novas Teorias sobre o Mundo Contemporâneo*. Trad. Ruy Jungmann e Carlos Alberto Medeiros. 2. ed. Rio de Janeiro: Jorge Zahar, 2006. p. 70-74.

são os mesmos: aumentar a produtividade e os lucros das empresas, especialmente pela criação de um mercado global integrado. A estrutura institucional sofre uma transformação passando da piramidal para uma estrutura em rede, flexível. Numa sociedade dita informacional, portanto, as pessoas aproveitam as vantagens da tecnologia em todos os setores da vida cotidiana: no trabalho, em casa, no lazer.

Assim sendo, o velho modelo produtivo deu lugar a um novo sistema descentralizado dos locais de trabalho e centralizado no conhecimento e na informação. Apesar de ter acontecido de maneira gradual, só há pouco tempo pode-se perceber mais claramente seus efeitos. O desenvolvimento e o uso das tecnologias da informação e comunicação possibilitaram a descentralização do trabalho, e este fato reflete-se no número de pessoas que hoje trabalham a distância, em instituto também conhecido como teletrabalho. Está-se diante de uma nova forma de trabalho, que é oriunda da reorganização do trabalho intelectual e manual. Não se pode considerar tão somente a reorganização dos processos de trabalho, mas também a integração produtiva nos territórios e nas redes sociais que os desenham e dos comportamentos de consumo, segundo Cocco.[230]

Para Bauman,[231] as distâncias já não importam, apontando que a ideia de uma fronteira geográfica é cada vez mais difícil de se sustentar no mundo real. As mudanças organizacionais interagem com a difusão das novas tecnologias da informação e comunicação. A internet tornou-se o símbolo do grande meio heterogêneo e transfronteiriço que Lévy[232] designou como ciberespaço. No entanto, a cultura da rede ainda não está estabelecida, seus meios técnicos encontram-se na infância, seu crescimento não terminou (e nem se sabe se terminará, eis que em constante transformação).

O trabalho, para Bauman,[233] porém, permanece tão imobilizado quanto no passado – mas o lugar em que ele imaginava estar fixado de uma vez por todas perdeu a solidez de outrora: buscando rochas, as âncoras encontram areias movediças. O autor caracteriza o antigo modelo como o "Capitalismo Pesado" onde os passageiros do navio confiavam que os seletos membros da tripulação com direito a chegar à ponte de comando conduziriam o navio ao seu destino. O novo paradigma instaurado se caracterizaria como um "Capitalismo Leve" em

---

[230] COCCO, Giuseppe. *Trabalho e cidadania – Produção e direitos na era da globalização*. São Paulo: Ed. Cortez, 2000. p. 91.

[231] BAUMAN, Zygmunt. *Globalização – as conseqüências humanas*. Rio de Janeiro: Zahar, 1999. p. 26.

[232] LÉVY, Pierre. Prólogo e Introdução. In *A Inteligência Coletiva*. São Paulo: Loyola, 1998.

[233] BAUMAN, Zygmunt. *Modernidade líquida*. Rio de Janeiro: Zahar, 2001.

que os passageiros do avião descobrem horrorizados que a cabine do piloto está vazia e que não há meio de extrair da caixa preta chamada piloto automático qualquer informação sobre para onde vai o avião.

Necessário se faz avançar no sentido de um entendimento mais amplo sobre o trabalho humano, principalmente suas possibilidades de transformar qualitativamente a sociedade a partir da perspectiva da inclusão social, esta prevista dentre os objetivos fundamentais constantes do artigo 3º da Constituição Federal de 1988. Neste sentido, cabe aqui fazer algumas considerações em torno do tema "trabalho das pessoas com deficiência"; importantes para a ampliação de seu conceito e o seu possível envolvimento com a criação de uma identidade social.

A inserção das pessoas com deficiência no mercado de trabalho é o requisito básico para o objetivo maior, que é a sua inclusão na sociedade. O ser humano é gregário; tudo que faz na vida, seja no âmbito pessoal, seja no profissional, requer a presença de outra pessoa. Sabe-se que a identidade se constitui através da interação entre os indivíduos. Para que as relações interpessoais sejam estabelecidas, faz-se necessária a existência de um contato entre aqueles que nela vivem, convivem ou trabalham. O contato com o outro torna-se uma questão de fundamental importância no âmbito das relações interpessoais. Assim, pode-se concluir que qualquer tipo de relação interpessoal estabelecida entre as pessoas é vital para a constituição do indivíduo, fortalecendo sua identidade. O ambiente de trabalho, por sua vez, apresenta-se como um contexto que possibilita a interação entre os indivíduos; estabelecendo, reforçando ou desfazendo laços interpessoais.

A inserção das pessoas com deficiência no mercado de trabalho oferece a possibilidade do resgate da autoestima, da dignidade e do exercício pleno da cidadania. A vida laboral tende a assegurar uma inclusão social a esses indivíduos, que passam a se sentir muito mais confiantes. Assim a satisfação em tornar-se produtivo, torna-os mais felizes; substituindo o sentimento de exclusão pelo sentimento de autovalorização.[234] No contexto da subjetividade, o trabalho participa da constituição pessoal, faz parte da vida material e psíquica, provê subsistência e oportuniza o reconhecimento social do sujeito no mundo e o seu próprio reconhecimento como ser produtivo na sociedade. Sob esta ótica, o papel assumido pelo trabalho amplia-se, uma vez que pressupõe a articulação entre várias esferas e na direção e organização da vida social. Assim, apesar das crescentes discussões e das novas ferramentas trazidas pelas inovações tecnológicas, a inserção das pessoas com

---

[234] Gera também efeitos reflexos nos espaços coletivos, obrigando ao Poder Público e aos particulares que adaptem seus espaços para recebe-los, com vistas a efetivar a acessibilidade.

deficiência no mundo do trabalho ainda permanece restrita. Todavia, embora a inovação tecnológica promova facilidades para a inserção de pessoas com deficiência no mercado de trabalho, faz-se necessária uma política específica que fomente e exija mobilidade, com propósito precípuo da efetiva inclusão social.

O sustento[235] básico, tais pessoas teriam pelo Estado (via benefício previdenciário, por exemplo: Benefício de Prestação Continuada, regulamentado pela Lei Orgânica da Assistência Social – LOAS; Lei Federal n. 8.742, de 07 de dezembro de 1993). Mas não é apenas isso que o trabalho agrega ao trabalhador. Agrega-lhe a ideia de partícipe da sociedade e de seus desígnios. Agrega-lhe a ideia de pertencente ao grupo social, de relevante enquanto ser humano, face aos valores socialmente vigentes.

Daí por que discutir-se o uso do teletrabalho para pessoas com deficiência. Mantê-los em casa teletrabalhando seria apenas prover-lhes o sustento ou efetivamente os incluiria na sociedade? O (tele)trabalho, neste caso, estaria imbuído de valor social?

2.3. Considerações teóricas sobre teletrabalho

O teletrabalho é fenômeno contemporâneo, nascido na segunda metade do século passado, notoriamente com o avanço e difusão das novas tecnologias, facilitadoras e propulsoras da comunicação. Mercê de suas características conceituais e estruturais altamente polêmicas, vê-se debatido e questionado, na medida em que o conceito de trabalho mudou, impulsionado pelas novas modalidades de contratação.

Jack Nilles,[236] que consolidou o uso do vocábulo "teletrabalho", já na década de setenta, timidamente apontava ser possível enviar o trabalho ao trabalhador, e não o contrário.[237] Esta inversão do deslocamento seria viável a partir do emprego das tecnologias de comunicação

---

[235] Eliana Franco Neme faz um necessário alerta: "Não há a menor possibilidade de integração se retirarmos dos portadores de deficiência a capacidade de autodeterminação. Não há como falar em dignidade humana ou em igualdade se não oferecermos condições para que essas pessoas possam ganhar honestamente o seu próprio sustento." NEME, Eliana Franco. Dignidade, Igualdade e Vagas Reservadas. In. ARAUJO, Luiz Alberto David. (Coord.). Defesa dos Direitos das Pessoas Portadoras de Deficiência. São Paulo: RT, 2006. p. 143 apud SEGALLA, Juliana Izar Soares da Fonseca; ARAUJO, Luiz Alberto David. A Utilização do Novo Conceito de Pessoa com Deficiência: Uma Advertência Necessária. *Direitos Fundamentais & Justiça*, Porto Alegre: HS Editora, ano 6, n. 19, abr./jun 2012. p. 148.

[236] *Apud* PEREZ DE LOS COBOS, Francisco e THIBAULT ARANDA, Javier. *El teletrabajo em España: perspectiva jurídico-laboral*. Madrid: Ministerio Del Trabajo y Asuntos Sociales, 2001. p. 15.

[237] NILLES, Jack M. *Fazendo do teletrabalho uma realidade: um guia para telegerentes e teletrabalhadores*. São Paulo: Futura, 1997. p. 15.

e informação e beneficiaria, sobremaneira e primordialmente, ao ser humano em seu convívio familiar e, mediatamente, ao meio ambiente (redução no número de usuários de transporte, redução no consumo de combustível, etc.). Narra que:

> O lar pode ser uma base eficiente para o teletrabalho, permitindo reduções de custo significativas para o patrão e para o funcionário, possibilitando às pessoas acesso a empregos que de outro modo poderiam não estar disponíveis, proporcionando ganhos significativos de produtividade e inúmeros benefícios indiretos à sociedade (conservação de energia, redução da poluição, etc.). O aspecto relacionado à redução da poluição atmosférica é um incentivo importante para que muitas organizações adotem o teletrabalho, geralmente em resposta a legislações ambientais cada vez mais rigorosas. Para muitos funcionários, o teletrabalho doméstico funciona somente como uma opção em meio-período.[238]

O teletrabalho é popularmente conhecido como o "trabalho a distância". Não podendo ser confundido com o trabalho em domicílio, singelamente, eis que vai além da noção atribuída a este. O trabalho a distância, de acordo com os ensinamentos de Pinho Pedreira,

> é gênero que compreende várias espécies, uma delas o teletrabalho. Outras modalidades de trabalho à distância podem ser mencionadas, como o trabalho em domicílio tradicional e aquele desenvolvido fora do centro de produção mediante o uso de instrumentos também tradicionais como o telefone, o bip, o rádio, etc.[239]

E, na sequência, o referido autor afirma que:

> O teletrabalho é atividade do trabalhador desenvolvida total ou parcialmente em locais distantes da sede principal da empresa, de forma telemática. Total ou parcialmente, porque há o teletrabalho exercido em parte na sede da empresa e em parte em locais dela distantes.[240]

Para Pinho Pedreira, o teletrabalho corresponde à modalidade de trabalho atípico resultante do conceito flexível de lugar de trabalho, onde se observa uma erosão do modelo tradicional e o abandono do presenteísmo.[241]

Frederico Silveira e Silva[242] corrobora explicando que o "teletrabalho é uma espécie de trabalho a distância. Um equívoco frequente é compará-lo ao trabalho em domicílio, visto que o teletrabalho não se limita ao domicílio", podendo ser prestado dentro da própria em-

---

[238] NILLES, Jack M. *Fazendo do teletrabalho uma realidade: um guia para telegerentes e teletrabalhadores.* São Paulo: Futura, 1997. p. 27.

[239] SILVA, Luiz de Pinho Pedreira da. O teletrabalho. *Revista LTr: Legislação do Trabalho.* São Paulo. v. 64, n. 5, maio 2000. p. 583.

[240] Idem. p. 584.

[241] PEDREIRA, José Pinho. O teletrabalho. *Revista LTr*, São Paulo, v. 64, n. 5, maio 2000.

[242] SILVA, Frederico Silveira e. O teletrabalho como novo meio de laborar e sua compatibilidade com o ordenamento jurídico. In. *Revista CEJ*, Brasília DF, n. 27, p. 102-109, 2004.

presa, abstraindo o contato direto do empregado com o empregador, como também em centros intermediários de trabalho descentralizados da empresa e dotados de instalações e equipamentos próprios para o desenvolvimento de tarefas, no caso, por meio do uso das tecnologias da informação e comunicação.

Portanto, na hora de conceituar, cabe observar a relação entre a utilização ou não de tecnologias de informação e comunicação, principalmente para não confundir teletrabalho com trabalho em domicílio.

Segundo Roberta Gerhardt:

> O teletrabalho em domicílio ocorre quando o teletrabalhador realiza a prestação em seu próprio domicílio com a ajuda obrigatória de mecanismos telemáticos, ou seja, a utilização da informação através do uso combinado de computador e meios de comunicação ou ainda em outro local de sua escolha.[243]

Ressalta-se que o trabalho a domicílio possui regulamentação jurídica no artigo 6º da Consolidação das Leis do Trabalho, o qual equipara o trabalho desenvolvido a domicílio ao realizado nas dependências da empresa, uma vez que o teletrabalho a domicílio consiste na prestação habitual da atividade laboral por parte do trabalhador em seu próprio domicílio, ficando substituído por este o lugar onde o trabalhador realizaria tradicionalmente a atividade econômica da empresa.

No teletrabalho, tem-se o trabalho destinado a um tomador remoto, prestado em espaço geográfico diverso do tradicional (normalmente, a sede deste tomador) ou até mesmo em espaço não presencial e obrigatoriamente mediado por tecnologias da comunicação e informação. Não necessariamente o teletrabalho revelará vinculação empregatícia (em seu sentido tradicional, no Brasil, como aquela que congloba os elementos contidos no artigo 3º da CLT),[244] podendo ser apenas uma relação de trabalho. É no primeiro caso que se verão os maiores problemas, uma vez que a ramificação laboral da ciência jurídica possui pedras de ângulo que lhe são inerentes e muito caras: como a presunção da hipossuficiência e a proteção niveladora da desigualdade material, por exemplo.

Também não deve ser confundido com as atividades desenvolvidas nos setores de informática, uma vez que os empregados, nesses casos, são: analistas e programadores ou digitadores e operadores. No teletrabalho, existem empregados que exercem atividades comuns, apenas com as tarefas sendo executadas fora do ambiente regular da empresa, utilizando os modernos recursos da informática.

---

[243] GERHARDT, Roberta Coltro. *Relação de emprego, internet e futuro*. São Paulo: LTr, 2002. p. 86.

[244] Pessoalidade, subordinação, habitualidade e onerosidade.

Percebe-se que o instituto carece de uma precisão conceitual. Quiçá por ser estudado por diversas áreas da ciência, isoladamente. Quiçá por ser extremamente novo. Quiçá por não interessar aos que movimentam a economia que se lhe dê maior relevo enquanto fenômeno com reflexos juslaborais importantes.

Em termos conceituais, como qualquer instituto que se reputa novo, não há (ainda) consenso. As iniciativas desta ordem costumam transitar pelos eixos distância-tecnologia. Nesse sentido, Gaeta: *"Può chiamarsi telelavoro la prestazione di chi lavori, con uno strumento telematico, topograficamente al di fuori dell´azienda su incarico e/o nell´interesse della qual ela prestazione è svolta".*[245]

De origem etimológica grega, *tele* significa distância. O teletrabalho é modalidade especial de trabalho a distância; nos EUA utiliza-se o termo *networking, telecommuting, remote working*; nos países de língua portuguesa utiliza-se o termo "teletrabalho"; nos países de idioma francês *télétravail*; nos países de idioma espanhol *teletrabajo* e nos de idioma italiano *telelavoro*. Mas, a paternidade do termo "teletrabalho", conforme exposto anteriormente, seria atribuída a Jack Nilles, que, assim, o teria definido como quaisquer formas de substituição de deslocamentos relacionados com a atividade econômica por tecnologias da informação, ou a possibilidade de enviar o trabalho ao trabalhador, no lugar de enviar o trabalhador ao trabalho.

João Hilário Valentim propõe que teletrabalho seja conceituado como "a prestação de serviço destinada a outrem e sob a subordinação deste, exercida por um trabalhador, preferencialmente em sua casa e com o suporte se modernos instrumentos e tecnologias relacionados às telecomunicações e informática",[246] e afirma que o teletrabalho não é trabalho a domicílio, embora comumente seja desenvolvido na casa do empregado, não é um trabalho precário ou informal, pois deve ser garantido aos teletrabalhadores os direitos dos trabalhadores comuns, não é trabalho executado todo tempo em casa, porque o trabalhador também pode realizar parte de sua jornada de trabalho na sede da empresa, e, finalmente, não é trabalho típico de informática, eis que o empregado pode executar as tarefas que desenvolvia no escritório, podendo se dar com o suporte do computador, mas também do telefone,

---

[245] GAETA, Lorenzo. *La qualificazione del rapporto*. In. GAETA, Lorezno. *Telelavoro e Diritto*. Torino: G.Giappichelli, 1998. p. 1-2. p. 2.

[246] VALENTIM, João Hilário. Teletrabalho e relações de trabalho. *Revista do Ministério Público do Trabalho*, Brasília. v. 10, n. 19, mar. 2000. p. 100.

do fax, não necessitando essencialmente que o teletrabalhador seja profundo conhecedor de informática.[247]

Denise Pires Fincato, por sua vez, afirma que "o teletrabalho constitui-se em modalidade surgida dessa revolução informacional, que mescla os avanços tecnológicos (principalmente informáticos) e comunicacionais".[248] Na realidade, como a autora explica, para a caracterização do teletrabalho, devem estar presentes os elementos topográfico, tecnológico e organizativo. Assim, o teletrabalhador desempenhando seu trabalho fora do espaço tradicional da empresa, total ou parcialmente, ou seja, fora dos limites de onde os seus resultados são almejados; desenvolvendo suas tarefas mediante emprego de tecnologias da informação e comunicação; e mantendo vínculo com a empresa que lhe agrega, ocupando um posto de trabalho e pertencendo à organicidade da mesma, está satisfazendo, respectivamente, os elementos topográfico, tecnológico e organizativo.[249]

O teletrabalho pode então se dar em domicílio,[250] em centros satélites,[251] em telecentros,[252] em *telecottages*[253] ou de forma móvel,[254] verifi-

---

[247] VALENTIM, João Hilário. Teletrabalho e relações de trabalho. *Revista do Ministério Público do Trabalho*, Brasília. v. 10, n. 19, mar. 2000. p. 98.

[248] FINCATO, Denise Pires. Teletrabalho: uma análise juslaboral. *Revista Justiça do Trabalho*, n. 236, ago. 2003. p. 41.

[249] FINCATO, Denise Pires. Teletrabalho: aproximações epistemológicas. In. *Revista Magister de Direito Empresarial, Concorrencial e do Consumidor*. Porto Alegre: Magister, abr./maio 2009. p. 70-71.

[250] "O teletrabalhador fixa um local em sua residência para trabalhar, instalando ali pequena estação com acesso a meios de comunicação (...) utiliza de estrutura propria ou cedida pela empresa, disposta em sua residência, para prestar os serviços contratados (...) Tal modalidade, entretanto, revela-se propícia a situações fraudulentas, onde o teletrabalhador seja tomado por autônomo (*freelance*), sendo necessária a análise in casu para averiguar a existência (ou não) do vínculo empregatício". FINCATO, Denise Pires. Teletrabalho: uma análise juslaboral. In. STURMER, Gilberto (Org.). *Questões controvertidas de Direito do Trabalho e outros estudos*. Porto Alegre: do Advogado, 2006, p. 48-9.

[251] "Os centros satélites seriam locais de trabalho pertencentes a uma empresa, que não são sua matriz tampouco podem ser chamados de filiais. Não possuem estrutura organizacional (não há pessoal organizado em hierarquia, subordinados e chefias, v.g.), mas pertencem e são explorados unicamente por uma empresa. Seria o local para recebimento e transmissão das informações, por exemplo, de todos os teletrabalhadores de uma empresa, em determinado local." FINCATO, Denise Pires. Teletrabalho: aproximações epistemológicas. In. *Revista Magister de Direito Empresarial, Concorrencial e do Consumidor*. Porto Alegre: Magister, abr-maio, 2009 p. 72.

[252] Ou "[...] centros de recursos compartilhados, podem ser explorados e mantidos de forma conjunta por diversos tele-empregadores". FINCATO, Denise Pires. Teletrabalho: aproximações epistemológicas. In. *Revista Magister de Direito Empresarial, Concorrencial e do Consumidor*. Porto Alegre: Magister, abr-maio, 2009 p. 72

[253] "Situados em zonas rurais ou região de menor escolaridade, quase se confundindo com os telecentros, não fosse este particular. Mesclam iniciativa privada e pública e procuram além de fixar o trabalhador residente na zona rural (mas que não é um trabalhador rural) em seu espaço, atraindo mão de obra qualificada para a vida interiorana." FINCATO, Denise Pires. Teletrabalho:

cando-se, portanto, que relevante é que se dê em qualquer local fora do espaço tradicional do trabalho. Atualmente, os telecentros constituem, muitas vezes, espaços físicos para serviço de terceiros, para uso compartilhado, englobando teletrabalhadores com interesses próprios ou por conta das empresas, mas que desenvolvam seu trabalho de forma independente, conhecido por *coworking*.[255] É, então, uma forma de organização do trabalho, que envolve vários profissionais para compartilhar o mesmo espaço de trabalho, e compartilhar o uso de recursos (energia elétrica, encargos de linha telefônica), infraestrutura (instalações, por exemplo reunião, videoconferência) ou serviços associados profissional (Wi-Fi, móveis, tratamento de correio, armazenamento, apoio informático, virtual). Por extensão, a organização social do trabalho também permite o compartilhamento de conhecimentos, boas práticas e conhecimentos *coworkers* a *coworkers* (com colegas de trabalho colegas) como parte de uma comunidade profissional, ou comunidade de ajuda. Os espaços de trabalho e equipamentos geralmente são alugados por empresas ou comunidades, e disponível por assinatura por hora / semanal / mensal. Compartilhar o mesmo espaço de trabalho e ferramentas dedicadas permite que colegas de trabalho, e em alguns casos, empresas, economizem em vários itens das despesas: energia elétrica, aluguel, material de escritório. Por tudo isso, atualmente, vem sendo bem visto por teletrabalhadores que não se adaptaram à rotina doméstica, conforme relato publicado na Revista Você S/A:

> Resolvi trabalhar em casa, mas em poucos meses as desvantagens se sobrepuseram aos benefícios. Não aguentava mais o isolamento e a falta de infraestrutura. Um dia li sobre a inauguração do primeiro espaço de coworking do mundo e me apaixonei pela ideia, conta Fernanda Nudelman Trugilho, proprietária do Pto de Contato, espaço de colaboração de São Paulo.[256]

Dentre as formas de teletrabalho, é necessário observar a maneira como se estabelece o enlace tecnológico entre o teletrabalhador e o seu empregador. Assim, o teletrabalhador pode desenvolver uma presta-

---

aproximações epistemológicas. In. *Revista Magister de Direito Empresarial, Concorrencial e do Consumidor*. Porto Alegre: Magister, abr-maio, 2009 p. 73.

[254] " [...] é também denominado mobile teleworking e se caracteriza pela ausência de determinação quanto ao local de onde estará prestando serviços o teletrabalhador [...]". FINCATO, Denise Pires. Teletrabalho: aproximações epistemológicas. In. *Revista Magister de Direito Empresarial, Concorrencial e do Consumidor*. Porto Alegre: Magister, abr-maio, 2009 p. 73.

[255] Cotrabalho ou *coworking*, significado original em inglês, é basicamente um novo modelo de escritório criado por um americano programador de sistema chamado Brad Neuberg em 2005 ao dividir seu apartamento com outros amigos para trabalharem.

[256] COSTA, José Eduardo; ATHAYDE, Bruno. Você sabe o que é coworking? *Você S/A*,10 maio 2011. Disponível em: <http://vocesa.abril.com.br/desenvolva-sua-carreira/materia/mercado-trabalho-voce-sabe-cowor king-631099.shtml>. Acesso em: 09 set. 2012.

ção de serviços laborais off line, também conhecido por desconectado, ou seja, quando o teletrabalhador não mantém contato direto com o computador central da empresa. O computador, se utilizado, normalmente o é como ferramenta para cumprimento de tarefas (projetos, gráficos, textos, cálculos, etc.), não para a conectividade dos atores. Toda a produção do teletrabalhador é enviada por correio convencional ou até mesmo entregue pessoalmente.[257] Cabe, também, a possibilidade de teleprestação *one way line*, ou seja, de conexão unidirecional ou de sentido único, nesta modalidade pode o teletrabalhador utilizar-se de *software* de suporte, e o resultado do seu trabalho entregue por meio de um *floppy disk* ou enviado via modem, ou mediante uma conexão eletrônica simples, esclarece Carla da Silva Jardim.[258] Cabe, finalmente, a possibilidade de trabalho on line, o mais usual, onde os teletrabalhadores comunicam-se continuamente com a empresa, não necessariamente em tempo integral, mas em tempo real e de forma constante, permitindo um diálogo interativo ou biodirecional com o coordenador central.

Pode-se dizer, portanto, que o teletrabalho aparece como uma nova modalidade de prestação de serviços, sem cobertura legal completa e até o momento, sua definição não responde a critérios jurídicos, mas sim, a considerações práticas.

2.4. Regulamentação do teletrabalho no Brasil a partir do direito comparado

A falta de uma legislação completa para o teletrabalho no Brasil fez com que se utilizasse a analogia ou amplia-se os efeitos das leis vigentes, durante algum período, a fim de tentar enquadrar essa nova forma de trabalho. Sendo assim, tornou-se necessário analisar a regulamentação do teletrabalho a partir do direito comparado.

Manuel Martin Pino Estrada, Diretor Acadêmico da Sociedade Brasileira de Teletrabalho e Teleatividades – SOBRATT, informa que alguns países já contam com leis específicas sobre o assunto, como o Chile (Lei n. 19.759/2002) e a Colômbia (Lei n. 1.221/2008); e outros estão em vias de regulamentar a matéria. É o caso, por exemplo, da Argentina (Projetos de Lei n. 2.337/2007 e 3.498/2010), Uruguai (Projeto

---

[257] FINCATO, Denise Pires. Teletrabalho: uma análise jus laboral. In. STURMER, Gilberto (Org.). *Questões controvertidas de direito do trabalho e outros estudos.* Porto Alegre: Livraria do Advogado, 2006. p. 51.

[258] JARDIM, Carla da Silva. *O teletrabalho e suas atuais modalidades.* São Paulo: LTr/Biblioteca LTr Digital 2.0, 2004.

de Lei n. 16/2010), Peru (Projeto de Lei n. 4.901/2011) e República Dominicana (Projeto de Lei n. 947/2010).[259]

A título de direito comparado, menciona-se que existem países que já definiram juridicamente e regulamentaram o teletrabalho, tais como: Itália,[260] Portugal,[261] Argentina[262] e Chile;[263] com forte destaque ao Acordo Europeu sobre Teletrabalho,[264] que, como o próprio nome já diz, é um acordo entre os países integrantes do Conselho Europeu, que estabelece um parâmetro geral que estes países devem seguir na regulamentação interna acerca deste assunto. O Acordo Marco Europeu sobre Teletrabalho vem sendo utilizado por vários países da Europa, bem como por entidades de representação econômicas e profissionais, como vértice para o estabelecimento de relações de teletrabalho. Na Espanha, por exemplo, onde algumas convenções coletivas já regulavam o teletrabalho antes mesmo da subscrição do Acordo Marco Europeu, o *Acuerdo Interconfederal para la Negociación Colectiva* de 2003 reconheceu o Marco como documento viabilizador da modernização das empresas, além de mecanismo de conciliação da vida profissional e pessoal para os trabalhadores, que usufruirão de maior autonomia para a realização

---

[259] ESTRADA, Manuel Martín Pino. apud BASTOS, Guilherme Augusto Caputo. TELETRABALHO (telework ou telecommuting): uma nova forma de ver o tempo e o espaço nas relações de trabalho. Brasília, 2013. Disponível em: <http://blogdoteletrabalho.wordpress.com/2013/10/27/o-teletrabalho-surge-em-resposta-aos-novos-paradigmas-da-sociedade-da-informacao/>. Acesso em: 23 jan. 2014.

[260] Na Itália, a Lei n. 191/1998 permite que o teletrabalho seja aplicado na Administração Pública. Disponível em: <http://www.telelavoro.rassegna.it/LEGGE/l191.htm>. Acesso em: 14 maio 2013.

[261] O Código do Trabalho Português regulamenta o teletrabalho entre os artigos 165 a 171. Disponível em: <http://www.cite.gov.pt/pt/legis/CodTrab_indice.html>. Acesso em: 14 maio 2013.

[262] Na condição de um dos primeiros países da América Latina a buscar regulamentação do teletrabalho, a Argentina criou o Projeto de Lei n. 829/2006, com base nas Convenções da OIT sobre garantias de privacidade, intimidade e segurança no trabalho. Vide: SALINAS, Liza Analy Ramirez. *Aspectos legales del teletrabajo en la Argentina*. 2008. p. 10 e ss. Disponível em: <http://www.rmg.com.py>. Acesso em: 22 jun. 2010.

[263] O teletrabalho, no Chile, está recepcionado juridicamente por meio do Código do Trabalho do Chile que fez uma revisão no artigo 22 (Lei n. 19.759, de 01 dezembro de 2001), sendo este então alterado para acomodar a situação dos teletrabalhadores. Vide: SALAZAR, Cristian. Entrevista concedida à Viviana Paredes, jornalista de el Naveghable.cl. Disponível em: <http://www.teletrabajo.cl/portal/index.php?option=com_content&task=view &id=74>. Também disponível em: <http://www.elnaveghable.cl/admin/render/noticia/13832>. Acesso em: 14 maio 2013. Posteriormente, um Projeto de Lei sob o n. 4.712-13, de 05 dezembro de 2006, foi proposto à Comissão do Trabalho e Previdência Social, pelos senadores Carlos Bianchi e Pedro Muñoz Aburto, entre outras questões, propondo o acréscimo de um capítulo específico e estabelecendo nova redação aos artigos 78 a 81. Disponível em: <http://www.sil.senado.cl/pags/index.html>. Acesso em: 14 maio 2013. Disponível também em: <http://www.ugt.es/teletrabajo/teletrabajo.htm>. Acesso em: 17 maio 2012.

[264] Relatório de implementação do Acordo Marco Europeu sobre Teletrabalho. Disponível em: <http://resourcecentre.etuc.org/linked_files/documents/Telework%20Final%20Implementatation%20report%202006%20EN.pdf>. Acesso em: 14 maio 2013.

de suas tarefas particulares e familiares. Igualmente o *Acuerdo Interconfederal para la Negociación Colectiva* de 2005 voltou a destacar as características do teletrabalho.[265] Ainda, na Espanha, o Real Decreto Lei n. 3, de 10 de fevereiro de 2012,[266] atualiza as garantias estendidas ao teletrabalhador, no seguinte sentido: conferir uma forma particular de organização do trabalho que se encaixa perfeitamente no modelo produtivo e econômico perseguido, para promover a flexibilidade dos empregados na organização do trabalho, fomentar e pulverizar as oportunidades de emprego e otimizar a relação entre tempo de trabalho e vida pessoal e familiar.

O teletrabalho aparece como uma nova modalidade de trabalho, sem cobertura legal concreta, até o presente momento, no Brasil e sua definição não responde a critérios jurídicos, mas, sim, a considerações práticas, na medida em que surge num cenário influenciado pela globalização e a flexibilização.

A Constituição Federal de 1988, diante do avanço tecnológico inovador das relações de trabalho, admite e reserva espaço para criação de lei específica para o teletrabalho, através da "proteção em face da automação, na forma da lei" (art. 7º, inc. XXVII). Conforme se observa, trata-se de uma norma de eficácia contida, havendo necessidade de regulamentação posterior por lei ordinária.

Muito recentemente, na data de 15 de dezembro de 2011, foi publicada a Lei n. 12.551,[267] com origem no Projeto de Lei Complementar n. 102/2007, do ex-deputado Eduardo Valverde, que, na época, lembrou que a revolução tecnológica e as transformações do mundo do trabalho exigem permanentes mudanças de ordem jurídica.[268] A referida lei mo-

---

[265] No tocante ao tema em análise, traduz-se o que diz JIMÉNEZ, Carmen Algar. Teletrabajo. In: *El Derecho Laboral ante el reto de las Nuevas Tecnologias*. Madri: Difusión Jurídica y Temas de Actualidade, S.A., 2007. p. 13-39.

[266] Disponível em: <http://www.boe.es/boe/dias/2012/02/11/pdfs/BOE-A-2012-2076.pdf>. Acesso em 14 maio 2013b.

[267] A Lei n. 12.551/2011 teve origem no Projeto de Lei n. 3.129/2004, de autoria do Deputado Eduardo Valverde, pertencente ao Partido dos Trabalhadores – PT de Rondônia, apresentado ao Congresso Nacional, aonde recebeu parecer favorável dos integrantes da Câmara dos Deputados, sendo, posteriormente, remetido ao Senado Federal, sob o n. 102/2007, para apreciação. O Projeto de Lei n. 102/2007 teve por finalidade equiparar os efeitos jurídicos da subordinação exercida por meios telemáticos e informatizados à exercida por meios pessoais e diretos, ou seja, abrangeria, expressamente, os teletrabalhadores. Ao justificar sua iniciativa, o autor da proposição afirma que a evolução tecnológica e as mutações do trabalho exigem permanentes transformações da ordem jurídica com o intuito de apreender a realidade variável. O tradicional comando direto entre o empregador e o empregado, hoje, cede lugar ao comando à distância, mediante o uso de meios telemáticos em que o empregado sequer sabe quem é o emissor da ordem de comando e controle.

[268] Justificativa contida no Parecer, de relatoria do Senador Cristovam Buarque. Disponível em: <http://www.senado.gov.br/atividade/materia/getPDF.asp?t=22949>. Acesso em: 30 jun. 2010.

dificou a redação original[269] do artigo 6º da Consolidação das Leis do Trabalho – CLT, "para equiparar os efeitos jurídicos da subordinação exercida por meios telemáticos e informatizados à exercida por meios pessoais e diretos",[270] visando, em verdade, tutelar o teletrabalho. No entanto, o legislador ordinário ao tentar cumprir seu papel, realizou de forma muito aquém da necessária para que se possa falar em existência de tutela do teletrabalhador, já que as dúvidas sobre a nova forma de trabalho não foram minimante solucionadas. Ou seja, a nova lei nada fez além de incluir na redação do artigo alguns substantivos (trabalho realizado a distância, meios telemáticos e informatizados de comando, controle e supervisão) que nada modificaram em relação à proteção que anteriormente se podia estender ao teletrabalhador por meio de interpretação e subsunção dos fatos à lei, não modificando a problemática já existente. A atual legislação cria lacunas, que por óbvio devem ser preenchidas sob os aspectos constitucionais da relação laboral, as quais se não sanadas abrem uma margem de insegurança jurídica aos empregados e empregadores.

Apesar da existência de parca legislação, ainda permanece em análise o Projeto Lei n. 4.505/2008, de autoria do Deputado Luiz Paulo Vellozo Lucas, pertencente ao Partido da Social Democracia Brasileira – PSDB do Espírito Santo, o qual pretende regulamentar o trabalho a distância, além de conceituar e disciplinar as relações de teletrabalho. Segundo o Projeto Lei, para que seja caracterizado o teletrabalho, o empregado deve ocupar mais de 40% de seu tempo de trabalho fora dos locais regulares, como a sede da empresa. Ainda segundo o Projeto, o teletrabalho deverá servir de instrumento para a criação de empregos, inclusive de vagas destinadas a pessoas com capacidade física reduzida. Sendo assim, o projeto alcança duas emendas apresentadas pela relatora, Deputada Manoela D´Ávila, uma delas contribuindo significativamente para a inclusão das pessoas com deficiência no âmbito de trabalho através da reserva de 20% dos postos de trabalho na modalidade de teletrabalho; o que permitiria à pessoa com deficiência interagir com a sociedade, e impor-se, por meio do ciberespaço, em condições de igualdade com os demais indivíduos.[271]

---

[269] Art. 6º Não se distingue entre o trabalho realizado no estabelecimento do empregador e o executado no domicílio do empregado, desde que esteja caracterizada a relação de emprego. Parágrafo Único: Os meios telemáticos e informatizados de comando, controle e supervisão se equiparam, para fins de subordinação jurídica, aos meios pessoais e diretos de comando, controle e supervisão do trabalho alheio.

[270] Texto retirado do preâmbulo da Lei n. 12.551/2011.

[271] Relativamente ao Projeto de Lei acima referido, houve um parecer enviado ao Senado Nacional por parte do Grupo de Pesquisas denominado: "Novas Tecnologias e Relações de Trabalho",

Nesse sentido, seriam estes trabalhadores empregados ou prestadores de serviços? Estariam subordinados à que categoria sindical? Como controlar a jornada de trabalho? Como não ferir a intimidade, vida privada e a honra desses trabalhadores? O controle da higiene e segurança desses trabalhadores à distância fica a cargo de quem, já que o trabalho a distância através dos meios telemáticos podem ser prestados de qualquer lugar? Esses questionamentos, bem como outros tantos, ainda restam incólumes com a nova lei. É evidente que há uma série de questões ainda não respondidas de forma satisfatória, como a responsabilidade pelos custos dos equipamentos, o controle de jornada e o pagamento de horas extras, a possibilidade de inspeção do ambiente de trabalho, o monitoramento dos equipamentos de trabalho, etc.

Em consonância com a recente inserção do processo digital na Justiça do Trabalho foram adotadas novas Resoluções ao longo do ano de 2012, a fim de que os servidores tenham acesso aos autos remotamente, permitindo que seu trabalho seja realizado mesmo que a distância. Essa nova realidade fez necessária a criação de regulamentos específicos no âmbito dos tribunais. Assim, foi aprovada, em 1º de fevereiro de 2012, a Resolução Administrativa n. 1.499, a qual regulamenta o teletrabalho no âmbito dos servidores do Tribunal Superior do Trabalho – TST.

A decisão do TST de passar a permitir que seus servidores optem pelo teletrabalho tem como fundamento a alteração do artigo 6º da CLT pela Lei n. 12.551/2011, mencionada anteriormente. Assim, em sua primeira sessão de 2012, em fevereiro, a instituição aprovou ato que definindo critérios e requisitos para a realização de tarefas fora de suas dependências, mediante controle de acesso e avaliação permanente do desempenho e das condições de trabalho.[272]

De acordo com a normatização adotada pelo TST, a realização do teletrabalho é facultativa, a critério do gestor de cada unidade, e restrita às atribuições em que seja possível, em função da característica do serviço, mensurar objetivamente o desempenho do servidor – por meio de estipulação de metas de desempenho diárias, semanais e/ou mensais.[273] Quanto a esse ponto, critica-se o fato das metas para os servi-

---

coordenado Profa. Dra. Denise Pires Fincato e sediado na PUCRS, com apresentação de proposta de substitutivos.

[272] Disponível em: <http://aplicacao.tst.jus.br/dspace/bitstream/handle/1939/19477/2012_ra1499.pdf?sequence =1>. Acesso em: 18 set. 2012.

[273] Art. 2º A realização do teletrabalho é facultativa, a critério do gestor da unidade, e restrita às atribuições em que seja possível, em função da característica do serviço, mensurar objetivamente o desempenho do servidor. § 1º A adesão do Gabinete condiciona-se à anuência do Ministro. § 2º A adesão das unidades vinculadas à Secretaria-Geral da Presidência, à Diretoria-Geral e à Secretaria-Geral Judiciária condiciona-se à anuência, respectivamente, do Secretário-Geral da Presidência, do Diretor-Geral da Secretaria ou do Secretário-Geral Judiciário.

dores, que optarem por trabalhar remotamente, serem no mínimo 15% superiores à estipulada para o trabalho presencial, segundo artigo 4º da Resolução do TST. Conforme o Marco Europeu: "la carga de trabajo y los criterios de resultados del teletrabajador son equivalentes a los de los trabajadores comparables en los locales de la empresa".[274]

Ainda na análise da resolução do TST, há vedação do teletrabalho para servidores em estágio probatório, para os que tenham subordinados e, também, aos que tenham sofrido penalidades disciplinares. Por outro lado, o ato dá prioridade aos profissionais com deficiência, e limita a 30% o número de servidores de cada unidade autorizados a trabalhar fora do TST, segundo artigo 5º da Resolução. Já os setores que prestam atendimento ao público interno e externo têm de manter sua plena capacidade de funcionamento.

Uma vez apresentada resolução regulamentando a realização de teletrabalho no âmbito do TST, o Conselho Superior da Justiça do Trabalho – CSJT, também, aprovou a Resolução n. 109,[275] em 29 de junho de 2012, autorizando a realização de teletrabalho no âmbito da Justiça do Trabalho de primeiro e segundo graus. Sendo assim, nosso ordenamento reconhece, agora expressamente, relações de emprego estabelecidas por meio de teletrabalho.

A Justiça do Trabalho sempre foi pioneira na adoção de novas tecnologias em seu cotidiano, buscando meios de tornar o processo mais acessível, célere e mais próximo da nossa realidade. Assim, a resolução prevê uma série de normas regulamentando o teletrabalho. A modalidade deverá ser exercida a título de experiência e vai permitir aos servidores trabalharem fora das dependências dos órgãos em que atuam, com a utilização de recursos tecnológicos, acompanhando assim a resolução adminsitrativa do TST.

Além de aumentar a produtividade dos serviços dos TRTs, o teletrabalho tem como objetivo economizar tempo e custo de deslocamento dos servidores, contribuir para a melhoria de programas socioambientais dos tribunais regionais, ampliar a possibilidade de trabalho aos servidores com dificuldade de deslocamento e possibilitar a melhoria da qualidade de vida dos servidores. Seguindo a resolução administrativa do TST e ou pilares do teletrabalho, a adesão ao teletrabalho é facultativa e a decisão ficará a critério do tribunal, que levará em conta

---

[274] Teletrabajo y su regulación en el sector de la tic. Fev. 2007. UGT. Disponível em: <http://www.ametic.es/CLI_AETIC/ftpportalweb/documentos/Estudio7_observatorio.pdf>. Acesso em: 18 set. 2012.

[275] Disponível em: <http://aplicacao.tst.jus.br/dspace/bitstream/handle/1939/25000/2012_res0109_csjt.pdf?seque nce=1>. Acesso em: 20 set. 2012.

a função do serviço e a possibilidade de mensurar o desempenho do servidor.

De acordo com a resolução, as atividades que poderão ser exercidas pelo teletrabalho serão aquelas que demandam maior esforço individual e menor interação com outros servidores, como, por exemplo, confecção de minutas de sentenças, votos, pareceres, relatórios e propostas de atos normativos, desenvolvimento de sistemas, dentre outros. A resolução prevê, ainda, que a realização do teletrabalho deverá ocorrer por até um ano, devendo ser realizadas avaliações trimestrais dos resultados alcançados. Após o período experimental de até um ano, o CSJT irá avaliar se a modalidade de teletrabalho deverá permanecer em funcionamento na Justiça do Trabalho.

Os servidores autorizados a realizar o teletrabalho devem cumprir alguns deveres, como atender às convocações do órgão para comparecimento às suas dependências sempre que houver interesse da Administração, manter telefones de contato permanentemente atualizados e ativos, consultar diariamente a sua caixa de e-mails e informar à chefia imediata eventual dificuldade, dúvida ou informação que possa atrasar ou prejudicar a entrega do trabalho. Além disso, os profissionais devem se reunir com a chefia a cada 15 dias para apresentar resultados parciais e finais e proporcionar o acompanhamento dos trabalhos e a obtenção de outras informações.

Paradigmáticos são os artigos 3º, 4º e 6º, que demonstram a opção do TST por não controlar a jornada dos funcionários por meios eletrônicos. Dessa forma, determinam que apenas será exigido do servidor o cumprimento de metas estabelecidas em seu gabinete, que deverão ser 15% maiores que as metas dos servidores que prestam seu serviço presencialmente, seguindo resolução administrativa do TST. Dessa forma, o único meio de comunicação eletrônica que se exige é o e-mail, a ser checado uma vez por dia, independente do horário.

A partir das premissas apontadas, vê-se que apesar de haver iniciativas e projetos de leis, não existe real e comprometido empenho do parlamento brasileiro no sentido de regulamentar a matéria, com eficiência, eficácia, imediatidade e de forma sistemática. A Constituição Federal de 1988 desde o seu preâmbulo até a regulamentação da economia nacional impõe a dignidade do ser humano nas suas diversas dimensões como princípio norteador. Ao longo do texto constitucional, é possível aferir a valorização social do trabalho, uma vez que é por meio deste que a pessoa obtém boa parte do necessário à sua subsistência e assegura o viver com dignidade, buscando com isso a construção de uma sociedade justa e fraterna, com a erradicação da pobreza e da marginalização e redução das desigualdades sociais, bem como a promoção do bem-estar. Sob esse aspecto, pode-se dizer que a modificação introduzida na Consolidação das Leis do Trabalho responde negativamente a necessidade de regulamentação do teletrabalho.

Portanto, entende-se que o teletrabalho não se encontra regulamentado no ordenamento jurídico laboral brasileiro, não tendo o legislador ordinário cumprido seu dever para alcançar a efetivação dos direitos fundamentais individuais e sociais mínimos aos teletrabalhadores. No mais, poder-se-ia dizer que em complementação a eventuais lacunas da legislação, dadas as especificidades do teletrabalho, o instrumento mais eficaz é, sem dúvida, a negociação coletiva, mediante intervenção sindical. À medida que forem se implementando as negociações, conforme as necessidades surgidas para essa nova categoria de trabalhadores, certamente surgirão novos mecanismos para solucionar ou minimizar as questões controvertidas.

No entanto, acredita-se que o legislador ordinário ao tentar cumprir seu papel, o fez de forma muito aquém à necessária para que se possa falar em efetiva existência e eficácia de uma tutela ao teletrabalhador no Brasil, já que as dúvidas sobre a nova forma de trabalho não foram minimamente solucionadas.

A atual legislação deixa lacunas, que por óbvio devem ser preenchidas, até mesmo sobre os aspectos constitucionais da relação laboral, as quais se não sanadas abrem margem de insegurança jurídica aos empregados e empregadores em seu relacionamento.

Ou seja, a nova lei nada fez além de incluir alguns substantivos (trabalho realizado a distância, meios telemáticos e informatizados de comando, controle e supervisão) ao texto de 1943, que nada o modificaram em relação à proteção que anteriormente se podia estender ao teletrabalhador por meio de interpretação e subsunção dos fatos à lei, não modificando a problemática existente e o que já se vinha, via da jurisprudência, fazendo.

Nesse sentido, afora compreender que seriam estes trabalhadores empregados, restam ainda algumas dúvidas, por exemplo: estariam subordinados à que categoria sindical? Como controlar o trabalho desses trabalhadores, alcançando-lhes direitos fundamentais sem, contudo, ferir sua intimidade, vida privada e mesmo a honra? O controle da higiene e segurança desses trabalhadores fica a cargo de quem, já que o trabalho a distância através dos meios telemáticos pode ser prestado de/em qualquer lugar? Será possível controlar de forma eletrônica a duração do trabalho, tendo em vista o teor da Portaria n. 1510/2008?

Esses questionamentos, bem como outros tantos ainda restam pulsantes no Brasil, apesar da pré-citada lei.[276]

A Constituição Federal de 1988, desde o seu preâmbulo até a regulamentação da economia nacional, impõe a dignidade do ser humano, nas suas diversas dimensões, como princípio norteador. Ao longo do texto Constitucional é possível aferir a valorização social do trabalho, uma vez que é por meio deste que a pessoa obtém boa parte do necessário à sua subsistência, o que pressupõe o assegurar de uma vida digna, o que mais facilmente levaria à construção de uma sociedade justa e fraterna.

Sob esse aspecto, pode-se dizer que a modificação introduzida na Consolidação das Leis do Trabalho responde parcialmente à necessidade e expectativa de regulamentação do teletrabalho. Dir-se-ia, até, que responde deficitariamente ou que nada responde, eis que, como pré-dito, em nada altera o que a jurisprudência já vinha fazendo: singelamente equipara o teletrabalho ao trabalho presencial. O que dela se esperava, a regulamentação das minúcias, ainda não veio.

Portanto, entende-se que o teletrabalho não se encontra regulamentado no ordenamento jurídico laboral brasileiro de forma segura e suficiente, não tendo o legislador ordinário cumprido seu dever para alcançar a efetivação dos direitos fundamentais individuais e sociais mínimos aos teletrabalhadores. O sistema jurídico nacional ainda não está preparado para lidar com a questão do teletrabalho a partir de normas de tipo aberto.

A partir das premissas apontadas, vê-se que apesar de haver iniciativas e projetos de leis, não existe real e comprometido empenho do parlamento brasileiro no sentido de regulamentar a matéria, com eficiência, eficácia, imediatidade e de forma sistemática.

A dificuldade na conceituação do teletrabalho pode ser um reflexo da falta de legislação específica sobre o tema, no entanto, utiliza-se do princípio do contrato-realidade e de alguns dispositivos legais que

---

[276] Verifica-se, no entanto, que ainda permanece em análise o Projeto Lei n. 4.505/2008, de autoria do Deputado Luiz Paulo Vellozo Lucas, o qual pretende regulamentar de forma minuciosa o trabalho a distância, além de conceituar e disciplinar as relações de teletrabalho. O projeto, entretanto, também não é dos mais felizes, quer por sua incompreensão do próprio instituto do teletrabalho, quer por problemas de técnica legislativa ou até mesmo, em alguns casos, de questionável constitucionalidade de seus termos. Segundo o Projeto Lei, para que seja caracterizado o teletrabalho, o empregado deve ocupar mais de 40% de seu tempo de trabalho fora dos locais regulares, como a sede da empresa. Ainda segundo o Projeto, o teletrabalho deverá servir de instrumento para a criação de empregos, inclusive de vagas destinadas a pessoas com capacidade física reduzida, já que essa modalidade laboral dispensa a locomoção física, além de preservar o meio ambiente. O Projeto foi aprovado, mas pendente de recurso.

analogicamente se amoldam a este tipo de organização de trabalho, no intuito de que se possa caracterizar ou não a relação de emprego.

2.5. Vantagens e desvantagens do teletrabalho

O teletrabalho, como todo resultado proveniente das inovações tecnológicas, permite acolher vantagens e desvantagens. O mais importante é que as inovações tecnológicas trouxeram modificações substanciais nas estruturas sociais, que se estenderam, particularmente, no modo de realizar e organizar o trabalho.

Dentre as vantagens, alinham-se algumas de interesse direto da empresa e do empregado, como diminuição de despesas de transporte, vestuário, combustível e de custos, aumento da produtividade, simplificação da fiscalização do trabalho, racionalização de instalações, equipamentos e material de trabalho. Algumas vantagens são de interesse psicossocial do empregado, como: liberação das tensões do tráfego, na ida e volta do trabalho, supressão da rigidez de horário e liberdade para atendimento, no período de trabalho, de interesses pessoais e familiares incidentais.[277] É ecologicamente sustentável e permite a redução de gastos com infraestrutura física (imóveis, mobiliários e transportes), o que reduz consideravelmente o alto custo dos postos de trabalho, especialmente no Brasil, em que as obrigações tributárias tornam ainda mais onerosa a contratação.

A doutrina aponta como fator importante, a possibilidade do teletrabalho se estender a um contingente humano que, hoje em dia, enfrenta dificuldade em obter emprego formal, atuando como um meio hábil de contribuição para a diminuição da desigualdade de oportunidades,[278] como é o caso dos trabalhadores com deficiência.

Um fator importante a ser observado é que o teletrabalho pode trazer de volta ao mercado diversos trabalhadores que poderiam ter dificuldades ou até mesmo ser discriminados em função de ineficiência temporária ou definitiva, nesta perspectiva pessoas com dificuldade de locomoção, profissionais com deficiências auditivas e visuais, entre outros, teriam novas oportunidades.[279]

---

[277] PINTO, José Augusto Rodrigues; PAMPLONA FILHO, Rodolfo. *Repertório de conceitos trabalhistas: direito individual*. São Paulo: LTr, 2000. v. 1. p. 410.

[278] MORAES, Renata Luciana. Teletrabalho muda relações empregatícias. Disponível em: <http://www.conjur.com.br/2009-mai-25/teletrabalho-mudar-relacoes-entre-empregador-empregado>. Acesso em: 08 set. 2009.

[279] JAMIL, Ângela do Carmo Carvalho. *O teletrabalho e a significação do espaço na constituição da competência e gestão da carga de trabalho:* um estudo das interações na atividade dos analistas de dossiês

As vantagens podem revestir-se de desvantagens, por exemplo, o teletrabalho pode significar diminuição do tempo livre, isolamento social, redução da distinção vida profissional e vida particular e menores possibilidades de ascensão profissional, além da perda do contato social.[280] Ponto negativo do teletrabalho é a quebra de privacidade, face às características dos sistemas de computação. Há que se cuidar desse aspecto porque existe risco de atentar contra as liberdades individuais e o direito de privacidade, garantido a todas as pessoas.[281] Essa forma inovadora de se trabalhar, no entanto, traz algumas preocupações ao empreendedor, haja vista a necessidade de investimentos expressivos com equipamentos que frequentemente tornam-se obsoletos, a maior possibilidade de prejuízos à coesão do grupo de trabalho e à confidencialidade da informação, e ainda, a dificuldade para se exercer o controle virtual e a direção das atividades, sem que se caracterize invasão à intimidade e à privacidade dos trabalhadores. Para o empregado, por ser modalidade de trabalho a distância, o teletrabalho pode acarretar isolamento social e indesejável confusão entre o tempo dedicado às atividades profissionais e ao convívio familiar, o que aumenta consideravelmente a possibilidade de stress, estafa e depressão.

Denise Pires Fincato, tratando do tema, adverte que:

> Não se pode deixar de comentar o fato de que o teletrabalho pode vir a ser utilizado com fins segregatórios, ou seja, dada a obrigatoriedade de contratação de portadores de deficiência (v. art. 93 da Lei 8213/91), é possível que empregadores comecem a utilizar da nova tipologia laboral com o objetivo de cumprir a lei sem atender à sua função social. Parece evidente que o objetivo do pré-citado artigo é a inclusão social, via garantia do direito ao trabalho, aos portadores de deficiência (qualquer: física e/ou mental), entretanto, o teletrabalho pode permitir situações em que o portador de deficiência preste serviços sem sair de seu domicílio deixando, portanto, de participar da vida social e de realizar a finalidade social do trabalho. A contribuir, o fato de que a empresa não necessitará adaptar o seu meio produtivo para acolher tais portadores de deficiência (rampas, elevadores, instruções em braile, etc.).[282]

O teletrabalho impõe uma mudança não só no aspecto econômico, jurídico e social, mas também no cultural, na medida em que, o fenômeno da globalização, que está a aproximar os povos e a eliminar barreiras,

---

de processos habitacionais numa instituição bancária. Disponível em :<http://www.dep.ufmg.br/pos/defesas/diss100.pdf>. Acesso em: 13 ago. 2009.

[280] WINTER, Vera Regina Loureiro. *Teletrabalho: uma forma alternativa de emprego*. São Paulo: LTr, 2005. p. 129

[281] FRANCO FILHO, Georgenor de Sousa. *Globalização e desemprego: mudanças nas relações de trabalho*. São Paulo: LTr, 1998. p. 84

[282] FINCATO, Denise Pires. *Acidente do trabalho e teletrabalho: novos desafios à dignidade do trabalhador*. Direitos Fundamentais e Justiça: Revista do Programa de Pós-Graduação Mestrado e Doutorado em Direito da PUCRS. Porto Alegre: HS, v.2, n.4, jul./set. 2008. p. 149.

abrange o teletrabalho, e é por meio dele que se deve buscar os instrumentos necessários para adaptar as empresas e os trabalhadores a essa irreversível realidade, que requer reduzir os níveis de desemprego.

A partir das premissas antes analisadas, observa-se que, como resposta à necessidade de conferir efetividade ao direito ao trabalho das pessoas com deficiência, o teletrabalho apresenta-se como instrumento garantidor da possibilidade de inserção desse grupo de trabalhadores na vida ativa e no mercado de trabalho.

Importante lembrar que, se por um lado, o teletrabalho facilita o acesso de tantos, por outro, pode tornar-se um grande vilão à convivência social. E, nesse aspecto, pode constituir-se um retrocesso.

Mara Vidigal Darcanchy comenta:

> Como os deficientes físicos geralmente encontram dificuldades para se deslocarem, o teletrabalho surge como uma real oportunidade de serem produtivos. Quase sempre por sua mobilidade reduzida, a interação social para o deficiente é sempre problemática. Uma forte barreira encontra-se no plano arquitetônico e nos meios de transporte, cidades inteiras não foram projetadas para atender essas pessoas. Somente alguns poucos prédios públicos e particulares possuem rampas e elevadores ou possuem pessoas treinadas para atender ou auxiliar os deficientes.
>
> [...] Posto isso, verifica-se que o teletrabalho é a forma ideal para as pessoas portadoras de necessidades especiais obterem vaga no mercado de trabalho sem que precisem transpor diariamente tantas barreiras arquitetônicas e geográficas para conseguirem chegar ao local de trabalho, pois o teletrabalho não depende de local.[283]

Entende-se que muito embora o teletrabalho seja uma ferramenta valiosa na inserção das pessoas com deficiência no mercado de trabalho, ele deve ser analisado com ressalvas. Se o objetivo do acesso as pessoas com deficiência ao mercado de trabalho é sua inclusão social, incentivar esse meio de contratação poderá não ser o mais indicado. Significa continuar apostando no isolamento e na segregação.

2.6. Reflexão crítica sobre a inclusão social das pessoas com deficiência por meio do teletrabalho a partir do valor social do trabalho e da fraternidade

A fraternidade como categoria cristã não significa um ideal a ser conquistado, mas uma realidade alcançada na qual as relações entre os cidadãos se identificam. A raiz da fraternidade estaria na paternidade universal de Deus, onde o amor se torna o mais eficiente agente de transformação de existência e das relações com o outro. Instaura-se um

---

[283] DARCANCHY, Mara Vidigal (coord.). *Responsabilidade social nas relações laborais: homenagem ao professor Amauri Mascaro Nascimento*. São Paulo: LTr, 2007. p. 72.

novo paradigma identitário, o reconhecimento do outro como irmão.[284] Embora inegável que a fraternidade tenha origem religiosa, não será objeto de enfrentamento nesse sentido, importando aqui a dimensão política do princípio da fraternidade.

Nesse sentido, a fraternidade, ao lado da liberdade e da igualdade, compõe a tríade principiológica da Revolução Francesa (1789), que reconhece os pilares principiológicos acima como formadores do Estado e seus sistemas jurídicos. A contemporaneidade desses princípios pode ser verificada a partir dos textos constitucionais dos Estados e aqui, especificamente, no preâmbulo da Constituição da República Federativa do Brasil de 1988, constituindo-se um fundamento do Estado Democrático de Direito brasileiro, que destina-se "a assegurar o exercício dos direitos sociais e individuais, a liberdade, a segurança, o bem-estar, o desenvolvimento, a igualdade e a justiça como valores supremos de uma sociedade fraterna, pluralista e sem preconceitos". Os fundamentos da sociedade anunciada, desejada, ou seja, fraterna, pluralista e sem preconceitos, se pautam na harmonia social e no comprometimento com a "ordem interna e internacional, com a solução pacífica das controvérsias".[285] [286] A Constituição Federal brasileira vigente absorveu os três valores do movimento revolucionário de 1789 ao definir como primeiro objetivo a construção de uma sociedade livre (liberdade), justa (igualdade) e solidária (fraternidade), situação defendida por Uadi Lammêgo Bulos: "O preâmbulo não é um conjunto de preceitos, mas de princípios. Tais princípios exercem uma força centrípeta sobre as demais normas da Constituição, projetando sua relevância para o nível da interpretação".[287]

O Supremo Tribunal Federal já tem fundamentado suas decisões nos princípios da liberdade, igualdade e fraternidade, precedente que

---

[284] PEZZIMENTI, Rocco. Fraternidade: o porquê de um eclipse. In. BAGGIO, Antônio Maria (Org.). *O princípio esquecido 1: A fraternidade na reflexão atual das ciências políticas*. Trad. Durval Cordas, Iolanda Gaspar e José Maria de Almeida. Vargem Grande Paulista, SP: Cidade Nova, 2008. p. 48.

[285] PREÂMBULO. Nós, representantes do povo brasileiro, reunidos em Assembleia Nacional Constituinte para instituir um Estado Democrático, destinado a assegurar o exercício dos direitos sociais e individuais, a liberdade, a segurança, o bem-estar, o desenvolvimento, a igualdade e a justiça como valores supremos de uma sociedade fraterna, pluralista e sem preconceitos, fundada na harmonia social e comprometida, na ordem interna e internacional, com a solução pacífica das controvérsias, promulgamos, sob a proteção de Deus, a seguinte CONSTITUIÇÃO DA REPÚBLICA FEDERATIVA DO BRASIL. In. BRASIL. Constituição da República Federativa do Brasil de 1988. Disponível em: <http://www.planalto.gov.br/ccivil_03/constituicao/ConstituicaoC ompilado.htm>. Acesso em: 27 jan. 2014.

[286] Ainda que haja opiniões divergentes na doutrina brasileira a respeito da força normativa do preâmbulo constitucional, essa discussão não será objeto de análise no momento, face à limitação de espaço.

[287] BULOS, Uadi Lammêgo. *Constituição Federal Anotada*. 10. ed. São Paulo: Saraiva, 2012. p. 41

se abre para dar à fraternidade a condição, também, de princípio jurídico, tal como a liberdade e a igualdade. Gilmar Mendes, Ministro do Supremo Tribunal Federal, publicou um artigo no qual discorria sobre duas decisões em que a jurisdição constitucional brasileira foi provocada a garantir. As decisões foram fundamentadas na premissa que pela "consistente afirmação da fraternidade" se dá "a concretização dos valores constitucionais da liberdade e da igualdade".[288] Tal entendimento traduz perfeitamente a ideia da fraternidade com um princípio moldura da Constituição brasileira e, corrobora, também, com a assertiva de que ela é um dos ideais norteadores do Estado Democrático brasileiro e tem o condão de assegurar os valores supremos da sociedade. Continua ao afirmar que: "muito já se tratou e muito já se falou sobre liberdade e igualdade, mas pouca coisa se encontra sobre o terceiro valor fundamental da Revolução Francesa de 1789, a fraternidade".[289] Com isso, quer dizer: "que a fraternidade pode constituir a chave por meio da qual podemos abrir várias portas para a solução dos principais problemas hoje vividos pela humanidade em tema de liberdade e igualdade".[290]

Poder-se-ia dizer que o conceito da fraternidade está inscrito na Constituição Federal brasileira mais especificamente no capítulo dos Direitos Sociais, em que assegura a todos o direito à educação, à saúde, ao trabalho, à moradia, ao lazer, à segurança, à previdência social, a proteção à maternidade e à infância e assistência aos desamparados (artigo 6º da Constituição Federal e Título VIII, que trata da Ordem Social, artigos 193 a 250).[291]

Importante transcrever a enunciação de Evaristo de Moraes Filho, que vê no direito ao trabalho o direito de participar da produção social e dos seus resultados:

> Sendo o trabalho um prolongamento da própria personalidade, que se projeta no grupo em que vive o indivíduo, vinculando-o, pela própria divisão do trabalho social, aos

---

[288] MENDES, Gimar. *A Jurisdição constitucional no Brasil e seu significado para a liberdade e a igualdade*. Disponível em: <http://www.stf.jus.br/arquivo/cms/noticiaArtigoDiscurso/anexo/munster_port.pdf>. Acesso em: 27 jan. 2014.

[289] MENDES, Gilmar. *A Jurisdição constitucional no Brasil e seu significado para a liberdade e a igualdade*. Disponível em: <http://www.stf.jus.br/arquivo/cms/noticiaArtigoDiscurso/anexo/munster_port.pdf>. Acesso em: 27 jan. 2014. Citando Häberle, Peter. Libertad, igualdad, fraternidad. 1789 como historia, actualidad y futuro del Estado constitucional. Trad. Ignácio Gutiérrez Gitiérrez. Madrid: Editorial Trotta; 1998.

[290] MENDES, Gilmar. *A Jurisdição constitucional no Brasil e seu significado para a liberdade e a igualdade*. Disponível em: <http://www.stf.jus.br/arquivo/cms/noticiaArtigoDiscurso/anexo/munster_port.pdf>. Acesso em: 27 jan. 2014.

[291] Disponível em: <http://www.stf.jus.br/portal/cms/verNoticiaDetalhe.asp?idConteudo=110842>. Acesso em: 23 jan. 2013.

demais que a compõem, representa esse direito, por si só, a raiz da própria existência do homem, pelo que lhe proporciona ou lhe pode proporcionar de subsistência, de liberdade, de autoafirmação e de dignidade. O direito ao trabalho é a possibilidade de vir a participar cada um da produção de todos, recebendo em troca, a remuneração que lhe é devida.[292]

Refere Zélia Maria Cardoso Montal[293] que o trabalho se trata de uma forma de "vínculo invisível" entre o indivíduo e o Estado oriundo do sentimento de pertencimento à mesma categoria jurídica, sentimento de fraternidade que une os integrantes de uma sociedade. Complementa: "Nesse aspecto, o status profissional estaria carregado de significação social, de sorte que o homem que não está incluído no "mundo do trabalho" ficaria praticamente excluído da sociedade".[294] Neste diapasão, ainda complementa, referindo que o direito ao trabalho será concretizado quando seu exercício (e através do se exercício) possibilitar ao ser humano a satisfação de suas necessidades básicas, promover sua autonomia diante dos demais, e assim, equilibrar as relações sociais, permitindo a todos tratamento igualitário, com respeito e consideração, valorizando a vida ativa do indivíduo ciente que está contribuindo para o desenvolvimento da sociedade em que está inserido.[295]

Em uma nota de rodapé, Sigmund Freud, na obra "O mal-estar da civilização", sintetiza o que identifica como dilema do trabalho e das relações humanas a ele vinculadas na sociedade moderna: trata-se o trabalho, a princípio, de uma via com um potencial inigualável, tanto de realização corporal libidinal quanto de manutenção e justificação da existência social, sendo especial fonte de satisfação quando a atividade profissional é livremente eleita. "Nenhuma outra técnica de orientação vital liga o indivíduo tão fortemente à realidade como a ênfase ao trabalho, que ao menos o incorpora solidamente a uma parte da realidade, à comunidade humana". Ocorre que: "A imensa maioria dos seres só trabalha sob o império da necessidade, e desta natural aversão humana ao trabalho se derivam os mais dificultosos problemas sociais".[296] Sem avançar no diagnóstico freudiano, o que interessa, por ora, dele desta-

---

[292] MORAES FILHO, Evaristo de. *O direito ao trabalho*. In. *Conferência Nacional da Ordem dos Advogados do Brasil, Rio de Janeiro*. Rio de Janeiro: Asgráfica, p. 674, 11-16 ago. 1974.

[293] MOLTAL, Zélia Maria Cardoso. O trabalho como Direito Humano da Pessoa com Deficiência. In. PIOVESAN, Flávia; CARVALHO, Luciana Paula Vaz de. *Direitos Humanos e Direito do Trabalho*. São Paulo: Atlas, 2010. p. 173.

[294] Idem. p. 173

[295] Idem. p. 174

[296] FREUD, Sigmund. *El malestar en la cultura*. Madrid: Alianza, 2002. p. 250 (tradução livre)

car é esse paradoxo, ali tão claramente desenhado, que marca a visão contemporânea sobre o trabalho.

Erik Jayme[297] assevera serem características da contemporaneidade a velocidade, a ubiquidade (corolário lógico da própria globalização que rompe a esfera territorial, tornando o local algo comum, ocorrente na diversidade de territórios) e a liberdade. O mundo pós-moderno, para o autor, é ainda caracterizado pela comunicação (*Kommunikation*) e por não ter mais fronteiras. O jurista alemão enuncia ainda um quarto e quinto valores característicos, o retorno dos sentimentos (*Le retour des sentiments, Rückkehr der Gefühle*) e o direito à diferença. A escolha desses valores da cultura pós-moderna pode parecer arbitrária, mas essa escolha, na visão do autor, permite pôr em evidência a ligação entre direito e a cultura pós-moderna.[298]

Pugnando pela licença poética, "Que trabalho é esse?" – conhecido samba cantado por Paulinho da Viola – cuja importância para uma vida humana digna é ao mesmo tempo aclamada e enxovalhada.[299] Questiona-se também: que caminhos teriam levado um elemento tão essencial das capacidades humanas a ser esvaziado? Responder a essas perguntas pelo conteúdo e pelas condições de efetividade deste que é afirmado o direito social mais essencial e que ao mesmo tempo é talvez o mais inefetivo, o direito ao trabalho, depende, hoje, de enfrentar o próprio esvaziamento do sentido do trabalho. A modernidade capitalista reduziu o trabalho humano a uma específica forma de trabalhar, que subsume o trabalho como produtor de valor para o capital, mas que não resulta em valor de uso para o sujeito que trabalha.

Para reavivar a beleza do canto e do voo desse pássaro,[300] tal como nos versos do poeta José Chagas, é preciso reconstruir a compreensão da relação do trabalho com a corporalidade humana, resgatar seu lugar como mediação fundamental para a realização das necessidades huma-

---

[297] JAYME, Erik. O Direito Internacional Privado do Novo Milênio: a proteção da pessoa humana face à globalização. In. ARAÚJO, Nádia; MARQUES, Claudia Lima (Org.). *Novo Direito Internacional – estudos em homenagem a Erik Jayme*. Rio de Janeiro: Renovar, 2005. p. 5.

[298] JAIME, Erik. Direito Internacional Privado e Cultura Pós-Moderna. Tradução de Lisiane Feiten Wingert, revisão de Cláudia Lima Marques. In. *Cadernos do Programa de Pós-Graduação em Direito – PPGDir./UFRGS*, v. I, n. I, mar/2003, 3.tir., 2. ed., Porto Alegre, Universidade Federal do Rio Grande do Sul, dez/2004. p. 106-107.

[299] "Que trabalho é esse?", de Zorba Devagar e Micau, gravado por Paulinho da Viola em 1982, fez parte da trilha sonora da telenovela "Champanhe", da Rede Globo. Informações disponíveis em: <http://www.dicionariompb.com.br/zorba-devagar/dados-artisticos> Acesso em: 09 dez. 2013.

[300] PINTO, José Nêumanne (seleção). *Os cem melhores poetas brasileiros do século*. 2. ed. São Paulo: Geração, 2004. p. 240.

nas e na luta por reconhecimento,[301] mesmo no contexto da sociedade capitalista. Para o direito, trata-se de restituir o vínculo indissociável entre o trabalho e a dignidade humana.

No momento em que a temática do reconhecimento, da igualdade e da diferença ganha corpo na reflexão teórica sociológica, na proporção em que parece apequenar-se a relevância daquele que foi o tema central da sociologia, o trabalho, é indispensável recuperar o elo essencial que há entre trabalho, construção das identidades e reconhecimento. Aqui introduz-se o aporte de Bauman, se algo caracteriza a condição humana, é a sua complexidade, sua pluralidade e riqueza. Há muitos modos de ser humanos e ser humano significa escolher sempre e mudar essa escolha.[302]

As perspectivas para a crítica do trabalho oscilam entre extremos que compreendem, de um lado, o "adeus ao trabalho",[303] que pretende situar as lutas sociais em uma suposta superação do trabalho, menosprezando sua relevância para o ser social e para o desenvolvimento da subjetividade, ou mesmo, a reivindicação conformista de uma subsistência para todos, independente de qualquer realização autônoma do humano como ser produtivo, que se autorrealiza pelo trabalho, como se este fosse apenas um meio para a obtenção de víveres. De outro lado, parece igualmente deficitária a linha crítica que postula uma mera resistência às transformações, como se fosse possível reavivar o arranjo social do estado de bem-estar, esquecendo-se, ainda, da realidade do trabalho em sentido concreto, como mediação humana essencial.[304]

As promessas de liberdade e autonomia no trabalho pós-industrial, em especial pela facilidade de acesso às informações e de comunicação proporcionada pelas tecnologias, revelaram-se uma ilusão. Se as perspectivas de exigibilidade de um direito ao trabalho são, à primeira vista, desestimulantes, é, por consequência, muito mais difícil a possibilidade de responder satisfatoriamente quando se pergunta pelo conteúdo desse direito. O que é trabalho quando se pergunta pelo conteúdo do direito ao trabalho?

Para o psiquiatra e psicanalista francês Christophe Dejours: "é através do trabalho que o sujeito se forma ou se transforma revelando-se

---

[301] Nesse sentido, ver: HONNETH, Axel. *Luta por reconhecimento: a gramática moral dos conflitos sociais*. São Paulo: Ed. 34, 2003.

[302] Ver BAUMAN, Zygmunt; sociólogo polonês. In. *Trabajo, consumismo y nuevos pobres*. Barcelona: Gedisa, 2000. p. 129-130.

[303] Nesse sentido, ver: ANTUNES, Ricardo. *Adeus ao trabalho?: ensaio sobre as metamorfoses e a centralidade do mundo do trabalho*. 15. ed. São Paulo: Cortez, 2011.

[304] WANDELLI, Leonardo Vieira. *O direito humano e fundamental ao trabalho: fundamentação e exigibilidade*. São Paulo: LTr, 2012. p. 24-25.

a si próprio de tal forma que depois do trabalho ele já não é completamente o mesmo do que antes de o ter empreendido".[305] O sujeito, portanto, mobiliza suas capacidades para, na relação com o mundo material, transformar-se e autorrealizar-se, por meio do reconhecimento da contribuição laborativa de cada um. Na metapsicologia dejouriana, o trabalho é o mediador privilegiado do aprendizado da convivência.

Por exemplo, para José Afonso da Silva, o direito ao trabalho, para além das normas objetivas que constituem o direito do trabalho, está "a significar que o trabalho é um direito social – o que, em outras palavras, quer dizer: direito ao trabalho, direito de ter um trabalho, possibilidade de trabalhar".[306] Esse "trabalho" ao qual se tem direito é explícita ou implicitamente entendido apenas como uma específica forma de trabalho, o trabalho assalariado, e nele se vê apenas um meio de subsistência, por meio da qual se alcançam condições elementares necessárias para a vida, mas não uma forma essencial de realização do humano e do desenvolvimento de sua individualidade e convivialidade, uma atividade que, por si, é condição e manifestação incontornável da dignidade humana.[307]

Amauri Mascaro Nascimento é mais categórico ao dizer que: "O ser humano, para viver, precisa prover a sua subsistência. Para fazê-lo, depende do trabalho. Logo, o trabalho é um direito. É o direito que todo ser humano tem de converter a própria atividade em ganho de subsistência pessoal e familiar. O direito ao trabalho está relacionado com o direito à vida e à subsistência".[308]

Evidencia-se, aí, o caráter inexcedível, para o trabalhador, de sua condição de exploração. Tem apenas o direito de trabalhar para ganhar o pão que necessita para subsistir e continuar trabalhando, como um círculo sem fim. Mais que isso, deve lutar e competir com outros trabalhadores para obter e manter esse trabalho. O direito, nesse contexto, não atribui ao trabalhador, pessoa humana, qualquer prerrogativa de ascender da condição de objeto da exploração econômica à condição de sujeito e cidadão. Assim sendo, não haveria o porquê de não substituir-se o direito ao trabalho pelo direito a prestações de subsistência, uma vez que, sendo mero instrumento da subsistência, esta poderia

---

[305] DEJOURS, Christophe. "Trabalhar" não é "derrogar". In. *Revista Laboreal*, v. 7, n. 1, 2011, p. 77.

[306] SILVA, José Afonso da. *Comentário contextual à constituição*. São Paulo: Malheiros, s.d., p. 185.

[307] WANDELLI, Leonardo Vieira. *O direito humano e fundamental ao trabalho: fundamentação e exigibilidade*. São Paulo: LTr, 2012. p. 42.

[308] NASCIMENTO, Amauri Mascaro. *Direito do trabalho na Constituição de 1988*. São Paulo: Saraiva, 1989. p. 25.

ser alcançada diretamente, sempre que aquele esforço puder ser dispensado.

O trabalho é, portanto, crucial para que o ser humano possa desenvolver suas capacidades e potencialidades, considerando as condições e possibilidades de sua existência; enquanto conjunto de atividades e relações, possui como fundamentação central o binômio necessidade-reconhecimento.

Nessa perspectiva, é importante a manifestação de Ayres Brito sobre o texto da Emenda Constitucional n. 41/2003 que, segundo ele, introduziu no sistema previdenciário público a novidade do caráter "solidário". Em seu texto, o Ministro aposentado do Supremo Tribunal Federal abre um parênteses para explicar que, primeiramente, tinha identificado que a solidariedade referida no texto da Emenda Constitucional referida seria aquela enunciada no inciso I do artigo 3º da Constituição Federal de 1988, a qual é um dos objetivos fundamentais da República Federativa do Brasil. Contudo, explica que depois se apercebeu que "em verdade, é fraternidade, aquele terceiro valor fundante, ou inspirador da Revolução Francesa, [...]".[309] Fraternidade, nas palavras de Ayres Brito, significa: "apenas que precisamos de uma sociedade que evite as discriminações e promova as chamadas ações afirmativas ou políticas públicas afirmativas de integração civil e moral de segmentos historicamente discriminados, como o segmento das mulheres, dos deficientes físicos, dos idosos, dos negros, e assim avante".[310]

Constata-se, igualmente, que a Constituição italiana,[311] na sua primeira parte, bem como outras tantas, incorporou muitos desses princípios e valores. Ao lado das constituições existem importantes atos e convenções internacionais sobre direitos humanos que também vinculam e devem ser observados pelos Estados. Foi com a Declaração Universal dos Direitos Humanos, aprovada na Assembleia Geral da ONU, em 10 de dezembro de 1948, que a fraternidade alcançou a universalidade necessária, em face de sua importância, por ter declarada de forma expressa o reconhecimento da responsabilidade de todas as nações na realização dos direitos humanos. Essa declaração serviu para universalizar os direitos, enfim, a fraternidade foi reconhecida e se tornou oficialmente um princípio jurídico a ser observado, conforme manifestação de Norberto Bobbio em sua obra:

---

[309] Disponível em: <http://www.stf.jus.br/noticias/imprensa/VotoBrittoInativos.pdf>. Acesso em: 27 jan. 2014.

[310] Idem.

[311] Disponível em: <http://www.governo.it/Governo/Costituzione/CostituzioneRepubblicaItaliana.pdf>. Acesso em: 27 jan. 2014.

Com a Declaração de 1948, tem inicio uma terceira e última fase, na qual a afirmação dos direitos é, ao mesmo tempo, universal e positiva: universal no sentido de que os destinatários dos princípios nela contidos não são mais apenas os cidadãos deste ou daquele Estado, mas todos os homens; positiva no sentido de que põe em movimento um processo em cujo final os direitos do homem deverão ser não mais apenas proclamados ou apenas idealmente reconhecidos, porém efetivamente protegidos até mesmo contra o próprio Estado que os tenha violado. No final desse processo, os direitos do cidadão terão se transformado, realmente, positivamente, em direitos do homem. Ou, pelo menos, serão os direitos do cidadão daquela cidade que não tem fronteiras, porque compreende toda a humanidade; ou, em outras palavras, serão os direitos do homem enquanto direitos do cidadão do mundo.[312]

Observa Marco Aquini[313] que a fraternidade não se apresenta apenas como uma proposição ideal, mas como um princípio ativo, norteador do comportamento humano. A ideia de fraternidade estabelece que o homem, enquanto animal político – segundo Aristóteles –,[314] fez uma escolha consciente pela vida em sociedade e para tal estabelece com seus semelhantes uma relação de igualdade, visto que, em essência, em sua natureza, não há nada que hierarquicamente os diferencie.[315] O homem é um ser considerado eminentemente social, pois sempre necessitou viver com os demais membros da sociedade, para divisão de tarefas, perpetuação da espécie, proteção própria, da comunidade e da propriedade. A evolução social não permitia que ficasse sozinho e isolado dos demais membros e portanto viver em comunidade era requisito essencial para que pudesse sobreviver.

Entende-se ser importante o estudo capitaneado pelo filósofo italiano Antonio Maria Baggio, sobre a fraternidade como sendo um princípio universal de caráter político,[316] no qual se trabalha a ideia de que seu lugar no espaço público deve ser reconquistado.[317] A importância de estudar a fraternidade nesse momento da história, como lembra

---

[312] BOBBIO, Norberto. *A era dos direitos*. Rio de Janeiro: Campus, 1992. p. 29-30

[313] AQUINI, Marco. Fraternidade e Direitos Humanos. In. BAGGIO, Antônio Maria (Org.). *O princípio esquecido 1: A fraternidade na reflexão atual das ciências políticas*. Trad. Durval Cordas, Iolanda Gaspar e José Maria de Almeida. Vargem Grande Paulista, SP: Cidade Nova, 2008. p. 135

[314] ARENDT, Hannah. *A Condição Humana*. Trad. Roberto Raposo. Rev. Adriano Correia. 11. ed. Rio de Janeiro: Forense Universitária, 2010. p. 26-60

[315] Disponível em: <http://www.stf.jus.br/portal/cms/verNoticiaDetalhe.asp?idConteudo=110842>. Acesso em: 23 jan. 2014.

[316] BAGGIO, Antonio Maria. *Il dibattito intorno all'idea di Fraternità. Prospettive di ricerca politologica*. Disponível em: <http://www.cittanuova.it/FILE/PDF/articolo20813.pdf>. Acesso em: 27 jan. 2014. Tradução livre

[317] BAGGIO, Antonio Maria. Fraternidade e reflexão politológica contemporânea. In. BAGGIO, Antonio Maria. (Org.). *O Princípio Esquecido 2: Exigências, recursos e definições da Fraternidade na política*. Tradução de Durval Cordas, Luciano Menezes Reis. Vargem Grande Paulista, SP: Cidade Nova, 2009. p. 15.

Baggio,³¹⁸ evita a tentação de pensar que os grandes princípios universais da democracia não possam mais dar conta das realidades sociais das nossas sociedades amplas e complexas. Em uma sociedade marcada pelo pluralismo, a coexistência entre as diferenças e as particularidades humanas se dá em um cenário histórico-cultural que forma as diferentes sociedades, gerando preconceitos e, nesse sentido se faz necessário pensar a igualdade e a liberdade segundo o valor da fraternidade. Nesse sentido a fraternidade se apresenta como exigência e demanda nas sociedades contemporâneas que, por sua capacidade rápida de transformação, exigem da tríade de princípios combinações inéditas e ação que normatizam a vida cotidiana.³¹⁹

Como visto, é possível identificar a fraternidade como fundamento do Estado Democrático de Direito brasileiro com possibilidades para, a partir do preâmbulo da Constituição, ser reconhecida com um princípio jurídico, tal como a liberdade e a igualdade têm sido consideradas pela maior parte dos Estados democráticos na atualidade. Para enfrentar um tema considerado por muitos e particularmente pelos juristas em geral como ainda de difícil assimilação, é importante que seja posta uma premissa, sem a qual a fraternidade não pode ser perseguida, o reconhecimento da igualdade entre todos os seres humanos.

O fato é que os paradigmas do nosso tempo têm consolidado um individualismo egocêntrico em detrimento da solidariedade. Partindo de tal premissa e reconhecendo que a pessoa humana não existe para viver isoladamente, mas com os outros em comunidade,³²⁰ de suma importância a correta compreensão do valor "fraternidade". Partindo desse paradigma, o caráter relacional e intersubjetivo dos direitos – relação entre sujeitos – receberá novos contornos. Não se conceberá uma intersubjetividade excludente. Precisar-se-á compreender o Direito como um instrumento que regulamenta condutas, visando a fazer

---

³¹⁸ BAGGIO, Antonio Maria. Fraternidade e reflexão politológica contemporânea. In. BAGGIO, Antonio Maria. (Org.). *O Princípio Esquecido 2: Exigências, recursos e definições da Fraternidade na política*. Tradução de Durval Cordas, Luciano Menezes Reis. Vargem Grande Paulista, SP: Cidade Nova, 2009. p. 11-13.

³¹⁹ BAGGIO, Antonio Maria. A Inteligência Fraterna. Democracia e participação na era dos fragmentos. In BAGGIO, Antonio Maria (Org.). *O Princípio Esquecido 2: Exigências, recursos e definições da Fraternidade na política*. Tradução de Durval Cordas, Luciano Menezes Reis. Vargem Grande Paulista, SP: Cidade Nova, 2009. p. 13.

³²⁰ Conclusão inserida no item 74 das recomendações e propostas apresentadas pelos Bispos católicos brasileiros, reunidos na XXVII Assembleia Geral da CNBB, em 1989 in Encíclicas e Documentos Sociais. São Paulo: LTr, vol. II, 1993, p. 548 apud MACHADO, Carlos Augusto Alcântara. A fraternidade como categoria jurídico-constitucional. Conferência proferida no Congresso Nacional – "Direito e Fraternidade", promovido pelo Movimento Comunhão e Direito, em 26 de janeiro de 2008, no Auditório Mariápolis Ginetta, Vargem Grande Paulista/São Paulo. Disponível em: <http://www.portalciclo.com.br/downloads/artigos/direito/CarlosMachado_AFraternidadeComoCategoriaJuridicoConstitucional.pdf>. Acesso em: 27 jan. 2014.

com que os seres humanos convivam com o outro e não vivam apesar do outro. O mundo atual não sobreviverá sem práticas solidárias. Está na essência do ser humano e é uma exigência inafastável.

Corrobora Daniel Sarmento ao afirmar que:

> Na verdade, a solidariedade [aqui também é possível referir-se à fraternidade] implica reconhecimento de que, embora cada um de nós componha uma individualidade, irredutível ao todo, estamos também juntos, de alguma forma irmanados por um destino comum. Ela significa que a sociedade não deve ser um locus da concorrência entre indivíduos isolados, perseguindo projetos pessoais antagônicos, mas sim um espaço de diálogo, cooperação e colaboração entre pessoas livres e iguais, que se reconheçam como tais.[321]

Embora a solidariedade muitas vezes seja confundida com a fraternidade, não pode ser esta reduzida ao conceito daquela, tendo-se em vista que esta última não implica a ideia de uma efetiva paridade dos sujeitos que se relacionam e não considera constitutiva a dimensão da reciprocidade.

A perspectiva da integração se projeta no direito de todos, e em especial dos rotulados como "normais", de conviver com as pessoas com deficiência, ou seja, a igualdade constitucional é o direito de viver a diversidade. Não se trata de incluir os excluídos, mas de não os excluir.

Como bem explica Eugênia Augusta Gonzaga Fávero,[322] integração e inclusão são termos que possuem representações distintas, ainda que vinculadas à ideia de inserção daquele que está excluído. Na integração, a sociedade permite a incorporação de pessoas que consigam adaptar-se por meios próprios, as quais fazem parte de grupos distintos entrelaçados ou não, enquanto na inclusão todos fazem parte de uma mesma comunidade, sem divisões em grupos. Isso exige da esfera pública e da sociedade condições necessárias para "todos" e não só para aqueles que conseguem adaptar-se.

Nas palavras de Cláudia Werneck:[323] "Inclusão deve ser assunto de sala de aula, da mesa de jantar, de conversa de botequim, de papo de

---

[321] SARMENTO, Daniel. Direitos Fundamentais e Relações Privadas, Rio de Janeiro: Lumen Juris, 2006. p. 295.

[322] FÁVERO, Eugênia Augusta Gonzaga. *Direito das pessoas com deficiência: garantia de igualdade na diversidade.* Rio de Janeiro: WVA Ed., 2004. p. 37-38.

[323] Cláudia Werneck é jornalista formada pela Universidade Federal do Rio de Janeiro (1980) e pós-graduada em Comunicação e Saúde pela Fundação Oswaldo Cruz (1998). Palestrante e escritora sobre inclusão e diversidade, pioneira na disseminação do conceito de sociedade inclusiva no Brasil. Primeira escritora brasileira a lançar livros enfrentando a temática da Síndrome de Down. Fundadora da ONG Escola de Gente – Comunicação em Inclusão (2002), organização focada na produção de conteúdo sobre inclusão social. No ano de 2000, tornou-se a primeira escritora brasileira a ter livros recomendados simultaneamente por Unesco e Unicef, reconhecimento tornado

beira de praia, de churrasco aos domingos, de reunião de empresários, do discurso e da prática diária dos políticos e dos governantes e, até arrisco: das conversas românticas de namorados preocupados em não repetir com seus futuros filhos os erros que transformaram o homem num *expert* na arte de excluir" (grifo da autora da obra).[324] Complementa afirmando que: "Na sociedade inclusiva ninguém é bonzinho. Ao contrário. Somos apenas – e isto é o suficiente – cidadãos responsáveis pela qualidade de vida do nosso semelhante, por mais diferente que ele seja ou nos pareça ser".[325]

Conceitua-se a inclusão social como o processo pelo qual a sociedade se adapta para poder incluir, no caso do texto, as pessoas com deficiência, em seus sistemas sociais, e, simultaneamente, estas se preparam para assumir seus papéis na sociedade.[326] Para incluir, a sociedade deve ser modificada a partir do entendimento de que ela é que precisa ser capaz de atender às necessidades de seus membros. O desenvolvimento das pessoas com deficiência deve ocorrer dentro do processo de inclusão, e não como um pré-requisito para estas pessoas poderem fazer parte da sociedade.[327] Já na década de 80, Clemente Filho[328] [329] afirmava que a sociedade como um todo deveria aprender a ajustar-se às necessidades de seus cidadãos.

E é justamente neste ponto de valoração pessoal e humana que deve estar inserida a questão da diferença inerente às pessoas com deficiência. Vale dizer, seja de forma individual ou coletiva, este universo deve ser valorizado, dignificado, pelo que é, por seu valor intrínseco,

---

público por meio de uma logomarca especialmente criada e publicada na capa de seus livros. Em 2007, seu livro *Ninguém mais vai ser bonzinho* (WERNECK, Cláudia. Ninguém mais vai ser bonzinho, na sociedade inclusiva. Rio de Janeiro: WVA, 1997) se transformou na primeira peça teatral com acessibilidade total ao ser apresentada no Brasil. Informações disponíveis em: <http://www.escoladegente.org.br/curriculoClaudiaWerneck.php>. Acesso em: 15 jan. 2014.

[324] WERNECK, Cláudia. *Ninguém mais vai ser bonzinho, na sociedade inclusiva*. 2. ed. Rio de Janeiro: WVA, 2000. p. 23.

[325] WERNECK, Cláudia. *Ninguém mais vai ser bonzinho, na sociedade inclusiva*. 2. ed. Rio de Janeiro: WVA, 2000. p. 21.

[326] SASSAKI, Romeu Kazumi. *Inclusão. Construindo uma sociedade para todos*. Rio de Janeiro: WVA, 1997. p. 41.

[327] CLEMENTE FILHO, Antônio dos Santos. Da integração à inclusão. Jornal da APAE, São Paulo, n. 124, mar./abril. 1996, p. 4 apud SASSAKI, Romeu Kazumi. *Inclusão. Construindo uma sociedade para todos*. Rio de Janeiro: WVA, 1997. p. 41.

[328] CLEMENTE FILHO, Antônio dos Santos. Redução de diferenças: uma nova perspectiva. In: BRASIL. Ministério da Educação. *O resgate da educação especial*. Brasília: MEC/CCS, 1985. p. 21-22.

[329] Antônio dos Santos Clemente Filho (1920-2012). Médico, fundador da APAE-SP, cofundador e primeiro presidente eleito da Federação Nacional das APAEs (FENAPAES) e pioneiro da Ressonância Magnética no Brasil. Informações disponibilizadas em: <http://www.apaesp.org.br/Noticias/Paginas/FALECIMENTO-Dr.Clemente.aspx> Acesso em: 15 jan. 2014.

e não por força única e exclusiva de sua utilidade ou produtividade perante o meio em que estão ou devam estar inseridas. Significa dizer: a dignidade pressupõe que a valoração do ser humano independe de qualquer característica pessoal ou de utilidade social.[330]

Um componente da dignidade humana que se encontra relacionado com a deficiência é a autonomia. Essa garantia à autonomia passa necessariamente pela superação das barreiras estruturais impostas a este coletivo que os impedem de ascender a diversos aspectos da vida social, dentre as quais tomam relevo o direito à acessibilidade, à educação, ao trabalho, ao lazer, garantindo ao máximo o aproveitamento de suas capacidades e potencialidades voltadas para a vida em sociedade, associada a ideia de uma vida independente. Konrad Hesse afirma que o trabalho humano constitui a base da vida, isto é, representa "uma parte da configuração da vida pessoal, sem a qual desenvolvimento pessoal livre não seria imaginável".[331]

Corrobora Celso Ribeiro Bastos ao afirmar que: "Um dos principais meios para se alcançar uma vida digna [...] é o trabalho".[332] Monteiro Lobato: "Precisamos não nos esquecer nunca de que o trabalho é a lei da vida. Sem trabalho não se vive. Tudo que na terra existe a mais da natureza é produto do trabalho humano. Se assim é, nada mais inteligente do que trabalhar com alegria, consciência e boa vontade".[333] Trata-se de uma advertência assaz importante, porque uma coisa é a defesa da vinculação (conceitual) entre a parte (trabalho) e o todo (dignidade), isto é, afirmar que o primeiro integra o segundo na sua plenitude, enquanto outra, bem diferente, é limitar o todo (dignidade) à parte (trabalho), o que, em momento algum, foi declinado neste texto.

Ocorre que, no mundo contemporâneo, a situação de passividade continua a ser uma exceção; regra é o homem ser um sujeito ativo na sociedade. Deste modo, não se pode usar a exceção como subsídio para aquilatar a relação existente entre o trabalho e a dignidade da pessoa

---

[330] MADRUGA, Sidney. *Pessoas com deficiência e direitos humanos: ótica da diferença e ações afirmativas.* São Paulo: Saraiva, 2013. p. 106.

[331] HESSE, Konrad. Elementos de direito constitucional da República Federal da Alemanha. Trad. Luís Afonso Heck. Porto Alegre: Sérgio Antônio Fabris, 1998. p. 322 apud GOMES, Fábio Rodrigues. *O direito fundamental ao trabalho: perspectivas histórica, filosófica e dogmático-analítica.* Rio de Janeiro: Lumen Juris, 2008. p. 192.

[332] In. BASTOS, Celso Ribeiro; MARTINS, Ives Gandra (Org.). Comentários à Constituição do Brasil. vol.8. São Paulo: Saraiva, 1992. p. 382 apud KALUME, Pedro de Alcântara. *Deficientes: ainda um desafio para o governo e para a sociedade: habilitação, reabilitação profissional e reserva de mercado de trabalho.* São Paulo: LTr, 2005. p. 33.

[333] LOBATO, Monteiro. Apelo aos nossos operários. In. LOBATO, Monteiro. Fragmentos, opiniões e miscelâneas. São Paulo: Globo, 2010. p. 253 apud GOMES, Fábio Rodrigues. *Direitos fundamentais dos trabalhadores: critérios de identificação e aplicação prática.* São Paulo: LTr, 2013. p. 9.

humana. Almeja-se argumentar no sentido de que, sem a condição ativa do homem em sociedade, torna-se inconcebível a compreensão da ideia de dignidade em sua plenitude.

O sentido global que o trabalho humano veio adquirindo ao longo da história, conforme Hannah Arendt,[334] fez com que fosse observado para além da mera atividade instrumental provedora das necessidades básicas à sobrevivência. O trabalho humano tornou-se um "valor em si". E não são outras as palavras de Miguel Reale, ao afirmar que:

> Ele já é, por si mesmo, um valor, como uma das formas fundamentais de objetivação do espírito enquanto transformador da realidade física e social, visto como o homem não trabalha porque quer, mas sim por ser essa uma exigência indeclinável de seu ser social, [...]; assim como não se pensa porque se quer, mas por ser o pensamento um elemento intrínseco ao homem, no seu processo existencial, [...].[335]

Portanto, é com base na tríade dimensional: instrumental, ontológica e social; que se passa no presente trabalho a discorrer sobre a importância do trabalho humano para a realização plena do homem. Por oportuno, faz-se um paralelo com a tríade dimensional (instrumental, ontológica e intersubjetiva) da dignidade da pessoa humana, explicitada pelo jurista Ingo Wolfgang Sarlet:

> [...] para além de uma concepção ontológica da dignidade – como qualidade inerente ao ser humano – importa considerar uma visão de caráter mais "instrumental", traduzida pela noção de uma igual dignidade de todas as pessoas, fundada na participação ativa de todos na "magistratura moral" coletiva, não restrita, portanto à ideia de autonomia individual, mas que – pelo contrário – parte do pressuposto da necessidade de promoção das condições de uma contribuição ativa para o reconhecimento e proteção do conjunto de direitos e liberdades indispensáveis ao nosso tempo.[336]

Celso de Albuquerque Mello, ao discorrer sobre os chamados direitos sociais, diz: "A meu ver, para a maioria da humanidade o direito social fundamental é o direito ao trabalho, [...]. É através da ação, isto é, do trabalho, que o ser humano se realiza. É o que lhe garante uma remuneração [...]. Considero o direito ao trabalho o mais importante, ou o direito básico dos direitos sociais".[337]

---

[334] ARENDT, Hannah. *A condição humana.* Trad. Roberto Raposo. 10. ed. Rio de Janeiro: Forense Universitária, 2003. p. 15-30.

[335] REALE, Miguel. Introdução à primeira edição. In. BAGOLINI, Luigi. *Filosofia do trabalho.* Trad. João da Silva Passos. 2. ed. São Paulo: LTr, 1997. p. 11.

[336] SARLET, Ingo Wolfgang. *Dignidade da pessoa humana e direitos fundamentais na Constituição Federal de 1988.* 9. ed. rev. atual. Porto Alegre: Livraria do Advogado, 2011. p. 65.

[337] MELLO, Celso de Albuquerque. A proteção dos direitos humanos sociais nas nações unidas. In. SARLET, Ingo Wolfgang (Org.). *Direitos fundamentais sociais: estudos de direitos constitucional, internacional e comparado.* Rio de Janeiro: Renovar, 2003. p. 228.

Outrossim, no tocante à sua valorização social, além do que já foi dito sobre a contribuição para o progresso da sociedade, é importante salientar ainda que, sem o trabalho humano, não conseguiríamos escapar da "escassez". Pergunta que insiste em nos inquietar é: qual é o mínimo essencial para uma vida digna? Na esfera do direito constitucional, há autores, como Ana Paula de Barcellos,[338] por exemplo, que decidiram se arriscar, e tentaram responder a esta dificílima pergunta, sugerindo, sem maiores pretensões de exaurir o assunto, os direitos básicos que integram o que foi classificado como o núcleo essencial da dignidade humana. Outros, todavia, como Robert Alexy[339] e Ingo Wolfgang Sarlet,[340] reconhecem a impossibilidade de se catalogar as necessidade mínimas a serem guarnecidas normativamente pelo Estado, porque variáveis no tempo e no espaço.

Entretanto, não se pode fechar os olhos para a realidade econômico-social dos dias de hoje e negar o fato notório de que o trabalho é também compreendido como "algo", ou seja, que no dia a dia da sociedade contemporânea ele é compreendido como um bem passível de avaliação pecuniária e, pior, cuja quantificação está sujeita às leis da oferta e da procura. E isso acontece porque se pôs o agir voltado para o fabricar e o fabricar direcionado para o consumo. A valorização do ter e do poder, o consumo massificado, o avanço desfreado das fronteiras do conhecimento, a nulificação das certezas absolutas, são todas pequenas lembranças de que a sociedade está passando por um momento histórico hibrido, que traz consigo, de um lado, o desmonte de alguns contornos familiares à modernidade, na mesma medida em que, de outro, aprofunda um dos aspectos mais cruéis desta era, o liberalismo econômico.[341]

Diante das assertivas acima, outra pergunta surge: o que deve ser feito para proteger o trabalho humano? Tem-se como resposta a necessidade de, por meio do Poder Legislativo, normatizar condutas que promovam a valorização do ser humano enquanto trabalhador, passando pelas incumbências imputadas ao Poder Executivo, eis que responsável pela fiscalização do cumprimento do direito do trabalho e

---

[338] BARCELLOS, Ana Paula de. *A eficácia jurídica dos princípios constitucionais. O princípio da dignidade da pessoa humana*. Rio de Janeiro: Renovar, 2002. p. 258-259 e 305.

[339] ALEXY, Robert. *Teoria de los derechos fundamentales*. Trad. Ernesto Garzón Valdés. 1. ed. 3.reimp. Madrid: Centro de Estúdios Políticos y Constitucionales, 2002. p. 494-495.

[340] SARLET, Ingo Wolfgang. *A eficácia dos direitos fundamentais: uma teoria geral dos direitos fundamentais na perspectiva constitucional*. 10. ed.rev.atual.ampl. Porto Alegre: Livraria do Advogado, 2011.

[341] COUTINHO, Aldacy Rachid apud GOMES, Fábio Rodrigues. *O direito fundamental ao trabalho: perspectivas histórica, filosófica e dogmático-analítica*. Rio de Janeiro: Lumen Juris, 2008. p. 113.

das demais normas correlatas à proteção do indivíduo-trabalhador, e culminando com a atuação do Poder Judiciário, que deverá promover a efetividade das normas aplicáveis às relações de trabalho, isto é, o cumprimento fático e, se necessário, coercitivo dos comandos jurídicos por todos os membros da sociedade.[342] Outra modalidade de comportamento administrativo gerador de proteção à atividade humana seria o realizado por meio de políticas públicas, incluindo-se aí, tanto as que estimulassem a geração de empregos, como aquelas que fossem de encontro à formação profissional do indivíduo, de maneira a emancipá-lo socialmente.[343]

Também o Supremo Tribunal Federal não tem deixado por menos, apresentando decisões variadas que convergem para este mesmo objetivo: o da proteção e valorização do trabalho humano. Nesse sentido, foi categórica a decisão do Ministro do Supremo Tribunal Federal Marco Aurélio Mendes de Farias Mello, atual presidente do Tribunal Superior Eleitoral, ao assegurar que: "[...] a própria Constituição é expressa ao afirmar que a ordem social possui uma primazia e um objetivo. Esta primazia é o trabalho humano – é o primado do trabalho; em consonância com o que a carta magna expressa em seu artigo 1º, oportunidade na qual elenca o valor social do trabalho como um dos princípios vetores do sistema jurídico [...]".[344]

Pois sob o pano de fundo de nossa inquietação, pairava aquele estado de perplexidade resumido, com perfeição, nas palavras do jurista Luís Roberto Barroso: "[...] o Brasil chega à pós-modernidade sem ter conseguido ser liberal nem moderno. Herdeiros de uma tradição autoritária e populista, elitizada e excludente, seletiva entre amigos e inimigos – e não entre certo e errado, justo ou injusto –, mansa com os ricos e dura com os pobres, chegamos ao terceiro milênio atrasados e com pressa".[345]

No sistema capitalista de produção, a monetarização (ou quantificação) das necessidades fez com que o trabalho se tornasse um "meio" pelo qual se consegue o "capital" que permitirá a obtenção daqueles

---

[342] GOMES, Fábio Rodrigues. *A relação de trabalho na Constituição: fundamentos para uma interpretação razoável da nova competência da justiça do trabalho à luz da EC n. 45/04*. Rio de Janeiro: Lumen Juris, 2006. p. 17-46.

[343] GOMES, Fábio Rodrigues. *O direito fundamental ao trabalho: perspectivas histórica, filosófica e dogmático-analítica*. Rio de Janeiro: Lumen Juris, 2008. p. 125.

[344] SS 2023/DF, DJ 22.08.2002, p. 30.

[345] BARROSO, Luis Roberto. Fundamentos teóricos e filosóficos do novo direito constitucional brasileiro (Pós-modernidade, teoria crítica e pós-positivismo). In. BARROSO, Luis Roberto (Org.). *A nova interpretação constitucional: ponderação, direitos fundamentais e relações privadas*. Rio de Janeiro: Renovar, 2003. p. 306 apud GOMES, Fábio Rodrigues. *O direito fundamental ao trabalho: perspectiva histórica, filosófica e dogmático-analítica*. Rio de Janeiro: Lumen Juris, 2008. p. 342.

bens considerados (ou qualificados) como necessários. A partir do momento em que o indivíduo se encarrega de satisfazer suas próprias necessidades por meio de sua atividade pessoal e laboral (o próprio trabalho como materialização do plano de vida), será ele detentor não apenas de autorrespeito, mas também de capacidade de inserir-se socialmente como alguém que participa da divisão de tarefas inerentes aos agrupamentos humanos[346] (trabalho como valor social). No mundo de hoje, é bastante comum ouvir dizer que o indivíduo constrói a sua vida não somente por meio do trabalho, mas também no trabalho, na medida em que contem distributivamente para cada indivíduo um potencial tanto de reconhecimento por outros quanto de auto estima e até de realização.[347]

Na lição de Hannah Arendt: "Para os homens, a realidade do mundo é garantida pela presença dos outros, [...]".[348] Dá-se aqui o inequívoco declínio das antigas concepções de público e privado em face da emergente ideia de "esfera social",[349] na qual a convivência cotidiana exige a perda gradativa da individualidade em favor da coletividade, trazendo consigo o sentimento de solidariedade.

Solidariedade, numa concepção ética, significa colocar-se no lugar do outro e estabelecer laços recíprocos entre os membros de uma mesma comunidade, de maneira que todos possam participar, de forma compartida e cooperada, dos processos sociais. Já, numa concepção jurídica, significa a busca da igualdade material.[350]

Importante a reflexão de Paulo Bonavides quando afirma que "os direitos sociais nasceram abraçados ao princípio da igualdade, do qual não se podem separar, pois fazê-lo equivaleria a desmembrá-los da razão de ser que os ampara e estimula".[351]

---

[346] SARLET, Ingo Wolfgang. As dimensões da dignidade da pessoa humana: construindo uma compreensão jurídico-constitucional necessária e possível. In. SARLET, Ingo Wolfgang (Org.). *Dimensões da dignidade: ensaios de filosofia do direito e direito constitucional*. Trad. Ingo Wolfgang Sarlet, Pedro Scherer de Mello Aleixo, Rita Dostal Zanini. Porto Alegre: Livraria do Advogado, 2007. p. 24.

[347] HÖFFE, Ortfried. Justiça Social. Justificação e Crítica do Estado de Bem-Estar. In. HOLLENSTEINER, Stephan (Org.). Estado e sociedade civil no processo de reformas no Brasil e na Alemanha. Rio de Janeiro: Lumen Juris, 2004. p. 89 apud GOMES, Fábio Rodrigues. *O direito fundamental ao trabalho: perspectivas histórica, filosófica e dogmático-analítica*. Rio de Janeiro: Lumen Juris, 2008. p. 65.

[348] ARENDT, Hannah. *A condição humana*. Trad. Roberto Raposo. 10. ed. Rio de Janeiro: Forense Universitária, 2003. p. 210.

[349] Idem. p. 268.

[350] MADRUGA, Sidney. *Pessoas com deficiência e direitos humanos: ótica da diferença e ações afirmativas*. São Paulo: Saraiva, 2013. p. 115 e 118.

[351] BONAVIDES, Paulo. *Curso de direito constitucional*. São Paulo: Malheiros, 2001. p. 518.

É compreensível a dificuldade para incluir a fraternidade como categoria jurídico constitucional, tendo-se em vista que ela é, via de regra, compreendida como um agir espontâneo, destituído de coerção, incompatível, portanto, com a direito. Porém, a fraternidade, como princípio, inspira e norteia o conjunto de normas, além de apresentar também um importante critério interpretativo dessas mesmas normas.[352]

Necessário que o Estado se ocupe, imbuído da tarefa de realizar o princípio que parte da "igualização" dos desiguais, chegando à fraternidade como seu mote central, em níveis legislativos (regulamentação do teletrabalho, p.ex.), fiscalizatórios e, permeando os momentos retro, um intenso movimento formativo.

Na prática, poder-se-ia visualizar o princípio da fraternidade, por exemplo, por meio da elaboração de PPRAs (Programa de Prevenção dos Riscos Ambientais) e PCMSOs (Programa de Controle Médico de Saúde Ocupacional) específicos, participação dos Sindicatos com a estruturação de Convenções Coletivas contendo cláusulas normativas peculiares ao grupo social, implementação de espaços de convivência nas empresas, dentre outros.

O fio condutor desta atuação, que transcenderia a figura do Estado, atingindo também sindicatos, ONGs, empresas, empregados e cidadãos em geral seria, obviamente, o princípio da fraternidade e o dever de efetivação da terceira dimensão dos direitos fundamentais.

É de trânsito corrente, pois, uma possível mácula sobrevinda da vanguardista relação laboral em mutação, já que esta poderá culminar em um fator de isolamento do laborista – muito embora o sociólogo italiano Domenico De Masi seja percuciente em asseverar que o teletrabalho está desvinculado do isolacionismo – o que se pode depreender da passagem abaixo insculpida:

> O número menor de relacionamentos pessoais aqui do que no escritório, com os colegas, é amplamente compensado pelo maior número de relacionamentos pessoais em família, no edifício, no quarteirão. De resto, em cem cidadãos, apenas uns 30 trabalham em empresas; a socialização, portanto, é mais provável e mais "fisiológica" fora da empresa, no mundo das relações não coagidas.[353]

Considera-se que com a expansão da internet ocorre um isolamento e uma ruptura da comunicação social e familiar tradicional, posto

---

[352] GORIA, Fausto. Fraternidade e Direito: algumas reflexões. In. CASO, Giovanni *et al.* (Orgs.). *Direito e Fraternidade: ensaios/práticas forenses*. Anais do Congresso Internacional "Relações no Direito: qual espaço para a fraternidade?". São Paulo: LTr, 2008. p. 27.

[353] DE MASI, Domenico. *O Futuro do Trabalho: fadiga e ócio na sociedade pós-industrial*. Trad. de Yadyr A. Figueiredo. 5. ed. Rio de Janeiro: José Olympio, 2000. p. 265.

que os indivíduos se escondem no anonimato e praticam relações sociais em espaços não presenciais, que isto admitem.

Howard-Rheingold,[354] professor da Universidade de Stanford, nos Estados Unidos, é um dos pioneiros no estudo do tema relacionado à interação social por meio da internet. Criador do termo "comunidade virtual", cunhou a expressão ainda na década de 1980, ao notar que as pessoas faziam de forma on line, ainda antes do surgimento da internet (por exemplo, via *modems*[355]) o mesmo que na vida presencial. Completa Howard-Rheingold afirmando que estamos vivendo um período revolucionário, certamente mais longo que a evolução da escrita; é uma mudança política, econômica, cultural, social, tudo ao mesmo tempo, mas nem tudo é benéfico.

Em assim sendo, o teletrabalho (trabalho a distância, mediado por tecnologia de comunicação e informação), que pode ser realizado na própria residência do trabalhador, tem sido visto como alternativa de desconstrução daquele labor executado no ambiente de trabalho – ou seja, o teletrabalho viceja como mecanismo de descentralização do espaço laboral. Nesse passo, tão somente a simplista garantia do sustento seria a realização do valor social do trabalho? De acordo com o texto escrito até o momento, conclui-se que não, eis que, a partir do princípio da fraternidade, se pode observar que as pessoas, em especial as com deficiência, visam, por meio do trabalho, a sua própria realização em comunidade, sua participação com outras pessoas, num contexto relacional.

A dignidade da pessoa humana encontra suporte no trinômio liberdade, igualdade e fraternidade. Por isto, acredita-se que o resgate do princípio da fraternidade, como componente inseparável do trinômio e, ao mesmo tempo, como evolução dos mesmos para uma cultura de direitos e responsabilidades com características metaindividuais e solidárias contribuiria para a efetivação do direito fundamental ao trabalho e daí, dado o respeito ao valor social que lhe é intrínseco, geraria transformações sociais importantes.

---

[354] HOWARD-RHEINGOLD. Um tempo revolucionário. *Revista PUCRS*, n. 168, março/abril 2014, p. 24-25. Também disponível em: <http://www.pucrs.br/portal/?p=noticias&n=1395432707.html>. Acesso em: 08 abr. 2014.

[355] Modem. (Ing. /môudem/) Inf. sm. 1. Dispositivo de entrada e saída, modulador e desmodulador (convertendo dados digitais em sinal analógico e vice-versa), para transmitir dados entre computadores por telefone. 2. Dispositivo para transmitir dados entre computadores por cabo. [Tb. cable modem.] Ver: i*Dicionário Caldas Aulete*. Disponível em: <http://aulete.uol.com.br/modem>. Acesso em: 08 abr. 2014.

Conclusão

Ao chegar ao final deste texto, algumas memórias vêm à baila. A sensação é a de assistir a um longa-metragem no cinema. Como se os principais momentos vivenciados, enquanto eram escritas estas linhas, estivessem passando diante dos olhos. A cena de abertura poderia ser resumida na seguinte palavra: dúvida.

Foi a partir do desconforto inicial sobre a inclusão social da pessoa com deficiência por meio do trabalho que se decidiu parar alguns instantes e pensar a respeito. O teletrabalho apresentou-se como um dos instrumentos garantidores da possibilidade de inserção das pessoas com deficiência ao mercado de trabalho. Todavia, observou-se que esta nova forma de trabalhar necessita adequar-se para propiciar, além de uma remuneração digna, a inclusão social, face ao valor social do trabalho, visualizado em conjunto com o princípio da fraternidade.

O sistema constitucional de proteção ao direito ao trabalho tem por esteio a inquestionável essencialidade do labor na vida do ser humano, não só por se tratar da forma como a pessoa obtém boa parte do necessário à sua subsistência, assegurando-lhe o direito a dignidade da pessoa humana, mas por ser instrumento de realização pessoal, tornando-o respeitável perante a sociedade e, principalmente, incluindo-o como cidadão, possuidor de direitos e obrigações. A efetividade do direito ao trabalho fará com que a dignidade humana assuma nítido conteúdo social, na medida em que a criação de melhores condições de vida resultar benéfica não somente para o indivíduo em seu âmbito particular, mas para o conjunto da sociedade.

Conclui que, de fato, este é um direito cujo alto grau de importância advém da imbricação indissolúvel entre o homem e a atividade que exerce, seja ela para o desenvolvimento dos seus planos pessoais de vida (protegendo e promovendo sua autonomia), seja para a superação das contingências mundanas (satisfazendo suas necessidades básicas), seja para a produção das condições necessárias ao arrefecimento da escassez (reequilibrando as relações sociais e permitindo que todos sejam tratados com igual respeito e consideração).

As novas tecnologias postas em prática no âmbito laboral, em especial por meio do teletrabalho, conferem aos trabalhadores com deficiência uma chance de se inserir ou retornar ao mercado de trabalho. A deficiência deixa de ser um obstáculo a partir do momento em que o trabalhador estará trabalhando com seu conhecimento, que desconhece a limitação de espaço e locomoção. Nessa perspectiva, percebe-se que o teletrabalho pode representar uma das alternativas à inserção das pessoas com deficiências no mercado de trabalho.

Todavia, a assertiva acima de todo não é adequada, de acordo com as premissas presentes no texto ora apresentado, na medida em que o teletrabalho apresenta como desvantagem a possibilidade de deterioração das condições de trabalho, entre elas o isolamento advindo da falta de contato com outros trabalhadores. Ora, é sabido que o trabalho realizado no estabelecimento do empregador permite, em muitas oportunidades, o contato com colegas, propiciando conversas amenas, troca de ideias e discussão de problemas pessoais e familiares, em clima de interação profissional e emocional.

Nesse sentido, o teletrabalho para as pessoas com deficiência confere renda para subsistência e lazer, mas não torna efetivo o valor social do trabalho, eis que, pela leitura do princípio da fraternidade, observou-se que as pessoas visam, por meio do trabalho, uma forma essencial de realização, de desenvolvimento de sua individualidade e, principalmente, de convivialidade.

Referências bibliográficas

ALEXY, Robert. *Teoria de los Derechos Fundamentales*. Trad. Garzón Valdes. Madrid: Centro de Estudos Constitucionais, 1997.

——. *Teoria de los derechos fundamentales*. Trad. Ernesto Garzón Valdés. 1.ed. 3.reimp. Madrid: Centro de Estúdios Políticos y Constitucionales, 2002.

——. *Teoria dos direitos fundamentais*. Trad. Virgílio Afonso da Silva. São Paulo: Malheiros, 2008.

ALVES, Rubens Valtecides. *Deficiente físico*: novas dimensões da proteção ao trabalhador. São Paulo: LTr, 1992.

ANDRADE, José Carlos Vieira de. *O Direitos Fundamentais na Constituição portuguesa de 1976*. Coimbra: Almedina, 1998.

ANTUNES, Ricardo. *Adeus ao trabalho?*: ensaio sobre as metamorfoses e a centralidade do mundo do trabalho. 15.ed. São Paulo: Cortez, 2011.

AQUINI, Marco. Fraternidade e Direitos Humanos. In: BAGGIO, Antônio Maria (Org.). *O princípio esquecido 1: A fraternidade na reflexão atual das ciências políticas*. Trad. Durval Cordas, Iolanda Gaspar e José Maria de Almeida. Vargem Grande Paulista, SP: Cidade Nova, 2008.

ARAÚJO, Francisco Rossal de. O direito do trabalho e o ser humano. In. Continuando a História. Direito do trabalho no limiar do novo milênio. *Revista Justiça do Trabalho*, Porto Alegre, v.15, n.172, p.82-9, abr. 1998.

ARAUJO, Luiz Alberto David. *A proteção constitucional das pessoas com deficiência*. 4. ed. rev. ampl. e atual. Brasília: CORDE, 2011. Disponível em: <http://www.pessoacomdeficiencia.gov.br/app/sites/default/files/publicacoes/a-protecao-constitucional-das-pessoas-com-deficiencia_0.pdf>. Acesso em: 26 mar. 2014.

——. BARRADOS. *Pessoas com Deficiência sem Acessibilidade*: como, o que é de quem cobrar. Petrópolis: KBR, 2011.

ARENDT, Hannah. *A condição humana*. Trad. Roberto Raposo. 10.ed. Rio de Janeiro: Forense Universitária, 2003.

ÁVILA, Humberto Bergmann. *Teoria dos princípios: da definição à aplicação dos princípios jurídicos*. 6.ed. rev. ampl. São Paulo: Malheiros Editores, 2006.

BAGGIO, Antonio Maria. *Il dibattito intorno all'idea di Fraternità. Prospettive di ricerca politologica*. Disponível em: <http://www.cittanuova.it/FILE/PDF/articolo208 13.pdf>. Acesso em: 27 jan. 2014.

——. A redescoberta da Fraternidade na época do "terceiro 1789". In. BAGGIO, Antônio Maria (Org.). *O princípio esquecido 1: A fraternidade na reflexão atual das ciências políticas*. Trad. Durval Cordas, Iolanda Gaspar e José Maria de Almeida. Vargem Grande Paulista, SP: Cidade Nova, 2008.

——. A Inteligência Fraterna. Democracia e participação na era dos fragmentos. In BAGGIO, Antonio Maria (Org.). *O Princípio Esquecido 2: Exigências, recursos e definições da Fraternidade na política*. Trad. Durval Cordas, Luciano Menezes Reis. Vargem Grande Paulista, SP: Cidade Nova, 2009.

——. Fraternidade e reflexão politológica contemporânea. In. BAGGIO, Antonio Maria. (Org.). *O Princípio Esquecido 2: Exigências, recursos e definições da Fraternidade na política*. Trad. Durval Cordas, Luciano Menezes Reis. Vargem Grande Paulista, SP: Cidade Nova, 2009.

BARCELLOS, Ana Paula de. *A eficácia jurídica dos princípios constitucionais*. O princípio da dignidade da pessoa humana. Rio de Janeiro: Renovar, 2002.

BARROSO, Luis Roberto. *Interpretação e aplicação da Constituição*: fundamentos de uma dogmática constitucional transformadora. 3.ed. São Paulo: Saraiva, 1999.

——. *O direito constitucional e a efetividade de suas normas* – limites e possibilidades da Constituição brasileira. 5.ed. Rio de Janeiro: Renovar, 2001.

——. Fundamentos teóricos e filosóficos do novo direito constitucional brasileiro (Pós-modernidade, teoria crítica e pós-positivismo). In. BARROSO, Luis Roberto (Org.). *A nova interpretação constitucional: ponderação, direitos fundamentais e relações privadas*. Rio de Janeiro: Renovar, 2003.

BARZOTTO, Luciane Cardoso. *Direitos humanos e trabalhadores*: atividade normativa da Organização Internacional do Trabalho e os limites do Direito Internacional do Trabalho. Porto Alegre: Livraria do Advogado, 2007.

—— (Coord.). *Trabalho e igualdade: tipos de discriminação no ambiente de trabalho*. Porto Alegre: Livraria do Advogado, Escola Judicial do TRT4R, 2012.

BASTOS, Celso Ribeiro; MARTINS, Ives Gandra (Org.). *Comentários à Constituição do Brasil*. v.8. São Paulo: Saraiva, 1992.

BASTOS, Guilherme Augusto Caputo. *TELETRABALHO (telework ou telecommuting): uma nova forma de ver o tempo e o espaço nas relações de trabalho*. Brasília, 2013. Disponível em: <http://blogdoteletrabalho.wordpress.com/2 013/10/27/o-teletrabalho-surge-em-resposta-aos-novos-paradigmas-da-sociedade-d a-informacao/>. Acesso em: 23 jan. 2014.

BAUDRILLARD, Jean. *Simulacros e simulação*. Lisboa, Portugal: Relógio D'Água Editores, 1991.

BAUMAN, Zygmunt. *Globalização – as conseqüências humanas*. Rio de Janeiro: Zahar, 1999.

——. *Modernidade líquida*. Rio de Janeiro: Zahar, 2001.

——. *Amor líquido*: sobre a fragilidade dos laços humanos. Rio de Janeiro: Zahar, 2004.

——. *Identidade: entrevista a Benedetto Vecchi*. Trad. Carlos Alberto Medeiros. Rio de Janeiro: Zahar, 2005.

BOBBIO, Norberto. *A era dos direitos*. Rio de Janeiro: Campus, 1992.

BOCORNY, Leonardo Raupp. *A valorização do trabalho humano no Estado Democrático de Direito*. Porto Alegre: Sergio Antonio Fabris, 2003.

BONAVIDES, Paulo. *Curso de direito constitucional*. São Paulo: Malheiros, 2001.

——. *Curso de direito constitucional*. 21.ed. São Paulo: Malheiros, 2007.

BORGES, Jorge Luis. La Ceguera. In. ——. *Siete Noches*. Madrid: Alianza Editorial, 1995.

BULOS, Uadi Lammêgo. *Constituição Federal Anotada*. 10. ed. São Paulo: Saraiva, 2012.

CANOTILHO, José Joaquim Gomes. *Direito Constitucional*. 3.ed. Coimbra: Almedina, 1983.

——. Estado de Direito. *Cadernos Democráticos*, n. 7, fundação Mário Soares, Lisboa: Gradiva, 1998.

——. *Direito Constitucional e Teoria da Constituição*. 7.ed. Coimbra: Almedina, 2004.

——, CORREIA, Marcus Orione Gonçalves e CORREIA, Érica Paula Barcha (Coord.). *Direitos fundamentais sociais*. São Paulo: Saraiva, 2010.

——; MENDES, Gilmar Ferreira; SARLET, Ingo Wolfgang; STRECK, Lenio Luiz (Coords). *Comentários à Constituição do Brasil*. São Paulo: Saraiva/Almedina, 2013.

CASTELLS, Manuel. *A sociedade em rede (A era da informação: economia, sociedade e cultura; v.1)*. Trad. Roneide Venâncio Majer; atualização para 6 ed Jussara Simões. São Paulo: Paz e Terra, 1999.

——. *Redes de indignação e esperança: movimentos sociais na era da internet*. Trad. Carlos Alberto Medeiros. Rio de Janeiro: Zahar, 2013.

CAVALCANTE, Ricardo Tenório. *Jurisdição, direitos sociais e proteção do trabalhador: a efetividade do direito material e processual do trabalho desde a teoria dos princípios*. Porto Alegre: Livraria do Advogado, 2008.

CISZEWSKI, Ana Cláudia Vieira Oliveira. *O trabalho da pessoa com deficiência*. São Paulo: LTr, 2005.

CLEMENTE FILHO, Antônio dos Santos. Redução de diferenças: uma nova perspectiva. In. BRASIL. Ministério da Educação. O resgate da educação especial. Brasília: MEC/CCS, 1985.

——. Da integração à inclusão. *Jornal da APAE*, São Paulo, n. 124, mar./abril. 1996.

COCCO, Giuseppe. *Trabalho e cidadania – Produção e direitos na era da globalização*. São Paulo: Ed. Cortez, 2000.

COSTA, José Eduardo; ATHAYDE, Bruno. Você sabe o que é coworking? *Você S/A*,10 maio 2011. Disponível em: <http://vocesa.abril.com.br/desenvolva-sua-carreira/materia/mercado-trabalho-voce-sabe-coworking-631099.shtml>. Acesso em: 09 set. 2012.

COSTA, Sandra Morais de Brito. *Dignidade humana e pessoa com deficiência: aspectos legais e trabalhistas*. São Paulo: LTr, 2008.

COULANGES, Fustel de. *A cidade antiga: estudos sobre o culto, o direito, as instituições da Grécia e de Roma*. Trad. Jonas Camargo Leite e Eduardo Fonseca. São Paulo: HEMUS, 2000.

COUTINHO, Aldacy Rachid. Comentário ao CAPÍTULO II. DOS DIREITOS SOCIAIS. Art. 7º 9. Comentários. In. CANOTILHO, José Joaquim Gomes; MENDES, Gilmar Ferreira; SARLET, Ingo Wolfgang; STRECK, Lenio Luiz (Coords). *Comentários à Constituição do Brasil*. São Paulo: Saraiva/Almedina, 2013.

CRESPO, Ana Maria Morales. Trabalho. In. *Pessoas com deficiência e a construção da cidadania*. São Paulo: PRODEF, 1995.

CRUZ, Álvaro Ricardo de Souza. *O direito à diferença: as ações afirmativas como mecanismo de inclusão social de mulheres, negros, homossexuais e portadores de deficiência*. Belo Horizonte: Del Rey, 2003.

CUPANI, Alberto. Filosofia da tecnologia. *Filosofia*, Ed. Escala, ano VI, n. 63, set. 2011.

CURY, Munir. *Direito e Fraternidade*. Disponível em: <http://www.pjpp.sp.gov.br/2004/artigos/39.pdf>. Acesso em: 27 jan. 2014.

DARCANCHY, Mara Vidigal. *Teletrabalho para pessoas portadoras de necessidades especiais*. São Paulo: LTr, 2006.

—— (coord.). *Responsabilidade social nas relações laborais: homenagem ao professor Amauri Mascaro Nascimento*. São Paulo: LTr, 2007.

DELGADO, Maurício Godinho. Proteções contra discriminação na relação de emprego. In. VIANA, Márcio Túlio; RENAULT, Luiz Otávio Linhares (Coord.). *Discriminação*. São Paulo: LTr, 2000.

——. *Curso de direito do trabalho*. 4. ed. São Paulo: LTr, 2005.

DE MASI, Domenico. *O Futuro do Trabalho: fadiga e ócio na sociedade pós-industrial*. Trad. de Yadyr A. Figueiredo. 5.ed. Rio de Janeiro: José Olympio, 2000.

——. *O ócio criativo*. Entrevista a Maria Serena Palieri. Trad. Léa Manzi. Rio de Janeiro: Sextante, 2000.

——. *A sociedade pós-industrial*. 4. ed. São Paulo: SENAC São Paulo, 2003.

DEJOURS, Christophe. "Trabalhar" não é "derrogar". In. *Revista Laboreal*, v. 7, n. 1, 2011.

FACHIN, Zulmar. *Teoria geral do direito constitucional*. 2.ed. Londrina: Universidade Estadual de Londrina, 2006.

FÁVERO, Eugênia Augusta Gonzaga. *Direito das pessoas com deficiência: garantia de igualdade na diversidade*. Rio de Janeiro: WVA Ed., 2004.

FIGUEIREDO, Guilherme José Purvin de (coord.). *Direitos da Pessoa Portadora de Deficiência*. São Paulo: Max Limonard, 1997. Publicação oficial do Instituto Brasileiro de Advocacia Pública, Advocacia Pública & Sociedade, ano I, n. 1, 1997.

FINCATO, Denise Pires. Teletrabalho: uma análise juslaboral. *Revista Justiça do Trabalho*, n. 236, ago. 2003.

——. Teletrabalho: uma análise juslaboral. In. STURMER, Gilberto (Org.). *Questões controvertidas de Direito do Trabalho e outros estudos*. Porto Alegre: do Advogado, 2006.

——. Acidente do trabalho e teletrabalho: novos desafios à dignidade do trabalhador. *Direitos Fundamentais e Justiça: Revista do Programa de Pós-Graduação Mestrado e Doutorado em Direito da PUCRS*. Porto Alegre: HS, v.2, n.4, jul./set. 2008.

——. Teletrabalho: aproximações epistemológicas. In. *Revista Magister de Direito Empresarial, Concorrencial e do Consumidor*. Porto Alegre: Magister, abr./maio 2009.

FONSECA, Maria Emília. *Direito ao Trabalho: um direito fundamental no ordenamento jurídico brasileiro*. São Paulo: LTr, 2009.

FONSECA, Ricardo Tadeu Marques da. *O trabalho da pessoa com deficiência: lapidação dos direitos humanos: o direito do trabalho, uma ação afirmativa*. São Paulo: LTr, 2006.

——. O novo conceito constitucional de pessoa com deficiência: um ato de coragem. In. FERRAZ, Carolina Valença et al. *Manual dos direitos da pessoa com deficiência*. São Paulo: Saraiva, 2012.

FOUCAULT, MICHEL. *Nascimento da Biopolítica*. São Paulo: Martins Fontes, 2008.

FRANCO FILHO, Georgenor de Sousa. *Globalização e desemprego: mudanças nas relações de trabalho*. São Paulo: LTr, 1998.

FREITAS, Juarez. *A interpretação sistemática do direito*. 5. ed. São Paulo: Malheiros, 2010.

——. *Sustentabilidade: direito ao futuro*. 1.ed.1.reimp. Belo Horizonte: Fórum, 2011.

FREUD, Sigmund. *El malestar en la cultura*. Madrid: Alianza, 2002.

GAETA, Lorenzo. La qualificazione del rapporto. In. GAETA, Lorezno. *Telelavoro e Diritto*. Torino: G.Giappichelli, 1998.

GALIMBERTI, Umberto. *Psiche e Techne: o homem na idade da técnica*. Trad. José Maria de Almeida. São Paulo: Paulus, 2006.

GARCIA, Vinícius Gaspar. *As pessoas com deficiência na história do mundo*. Disponível em: <http://www.bengalalegal.com/pcd-mundial>. Acesso em: 15 jan. 2014.

GERHARDT, Roberta Coltro. *Relação de emprego, internet e futuro*. São Paulo: LTr, 2002.

GOLDFARB, Cibelle Linero. *Pessoas portadoras de deficiência e a relação de emprego: o sistema de cotas no Brasil*. Curitiba: Juruá, 2009.

GOMES, Fábio Rodrigues. *A relação de trabalho na Constituição: fundamentos para uma interpretação razoável da nova competência da justiça do trabalho à luz da EC n. 45/04*. Rio de Janeiro: Lumen Juris, 2006.

——. *O direito fundamental ao trabalho: perspectiva histórica, filosófica e dogmático-analítica*. Rio de Janeiro: Lumen Juris, 2008.

GOMES, Joaquim Benedito Barbosa. *Ação Afirmativa & o Princípio Constitucional da Igualdade (O Direito como instrumento de transformação social. A experiência dos EUA)*. São Paulo: Renovar, 2001.

GONÇALVES, Nair Lemos. A pessoa excepcional e a legislação brasileira. *Revista de informação legislativa*, v. 14, n. 56, p. 125-138, out./dez. de 1977 | *Revista de direito do trabalho*, v. 3, n. 13, p. 29-41, maio/jun. de 1978. Disponível em: <http://www2.senado.leg.br/bdsf/bitstream/handle/id/181038/000360866.pdf?sequence=3>. Acesso em: 26 mar. 2014.

——. *O Estado de Direito do Excepcional*. IX Congresso Nacional de Federação Nacional das APEs., 1979. Separata sem constar editor.

GORIA, Fausto. Fraternidade e Direito: algumas reflexões. In. CASO, Giovanni et al. (Orgs.). *Direito e Fraternidade: ensaios/práticas forenses*. Anais do Congresso Internacional "Relações no Direito: qual espaço para a fraternidade?". São Paulo: LTr, 2008.

GOUVEIA, Luís Manuel Borges. *Sociedade da Informação: Notas de contribuição para uma definição operacional*. Novembro de 2004. Disponível em: <http://homepage.ufp.pt/lmbg/reserva/lbg_socinformacao04.pdf> Acesso em: 10 dez. 2013.

_____ ; GAIO, Sofia. *Sociedade da Informação: balanço e oportunidades*. Edições Universidade Fernando Pessoa, 2004.

GRAU, Eros Roberto. *Ensaio e discurso sobre a interpretação/aplicação do direito*. 2.ed. São Paulo: Malheiros, 2003.

_____. Comentário ao TÍTULO VII DA ORDEM ECONÔMICA E FINANCEIRA. CAPÍTULO I DOS PRINCÍPIOS GERAIS DA ATIVIDADE ECONÔMICA. Art. 170. In. CANOTILHO, José Joaquim Gomes; MENDES, Gilmar Ferreira; SARLET, Ingo Wolfgang; STRECK, Lenio Luiz (Coords). *Comentários à Constituição do Brasil*. São Paulo: Saraiva/Almedina, 2013. p. 1790.

GUGEL, Maria Aparecida et.al. *O trabalho do portador de deficiência*. Disponível em: <http://www.pgt.mpt.g ov.br/publicacoes/pub57.html>. Acesso em: 15 jan. 2014.

HÄBERLE, Peter. *Libertad, igualdad, fraternidad. 1789 como historia, actualidad y futuro del Estado constitucional*. Trad. Ignácio Gutiérrez Gitiérrez. Madrid: Editorial Trotta; 1998.

_____. A dignidade humana como fundamento da comunidade estatal. In. SARLET, Ingo Wolfgang (Org.). *Dimensões da dignidade: ensaios de filosofia do direito e direito constitucional*. 2.ed. Porto Alegre: Livraria do Advogado, 2013.

HECK, Luís Afonso. *O Tribunal Constitucional Federal e o desenvolvimento dos princípios constitucionais*. Porto Alegre: Seérgio Antonio Fabris, 1995.

HESSE, Konrad. *Elementos de direito constitucional da República Federal da Alemanha*. Trad. Luís Afonso Heck. Porto Alegre: Sergio Antonio Fabris, 1998.

HÖFFE, Ortfried. Justiça Social. Justificação e Crítica do Estado de Bem-Estar. In. HOLLENSTEINER, Stephan (Org.). *Estado e sociedade civil no processo de reformas no Brasil e na Alemanha*. Rio de Janeiro: Lumen Juris, 2004.

HONNETH, Axel. *Luta por reconhecimento: a gramática moral dos conflitos sociais*. São Paulo: Ed. 34, 2003.

HOWARD-RHEINGOLD. Um tempo revolucionário. *Revista PUCRS*, n. 168, março/abril 2014, p. 24-25. Também disponível em: <http://www.pucrs.br/portal/?p=n oticias&n=1395432707.html>. Acesso em: 08 abr. 2014.

_____. *Smart Mobs, The Next Social Revolution*. USA: Basic Books, 2002.

_____. *The Virtual Community*. USA: MIT Press Edition, 2000.

HUGO, Victor. *O Corcunda de Notre Dame*. Edição comentada e ilustrada. Rio de Janeiro: Jorge Zahar, 2013.

JAMIL, Ângela do Carmo Carvalho. *O teletrabalho e a significação do espaço na constituição da competência e gestão da carga de trabalho: um estudo das interações na atividade dos analistas de dossiês de processos habitacionais numa instituição bancária*. Disponível em: <http://www.dep.ufmg.br/pos/defesas /diss100.pdf>. Acesso em: 13 ago. 2009.

JAYME, Erik. O Direito Internacional Privado do Novo Milênio: a proteção da pessoa humana face à globalização. In. ARAÚJO, Nádia; MARQUES, Claudia Lima (Org.). *Novo Direito Internacional – estudos em homenagem a Erik Jayme*. Rio de Janeiro: Renovar, 2005.

_____. Direito Internacional Privado e Cultura Pós-Moderna. Tradução de Lisiane Feiten Wingert, revisão de Cláudia Lima Marques. In. *Cadernos do Programa de Pós-Graduação em Direito – PPGDir./UFRGS*, v. I, n. I, mar/2003, 3.tir., 2.ed., Porto Alegre, Universidade Federal do Rio Grande do Sul, dez/2004.

JARDIM, Carla da Silva. *O teletrabalho e suas atuais modalidades*. São Paulo: : LTr/Biblioteca LTr Digital 2.0, 2004.

JIMÉNEZ, Carmen Algar. Teletrabajo. In. *El Derecho Laboral ante el reto de las Nuevas Tecnologias*. Madri: Difusión Jurídica y Temas de Actualidade, S.A., 2007.

KALUME, Pedro de Alcântara. *Deficientes: ainda um desafio para o governo e para a sociedade: habilitação, reabilitação profissional e reserva de mercado de trabalho*. São Paulo: LTr, 2005.

KANT, Immanuel. *Fundamentação da metafisica dos costumes*. Trad. Paulo Quintela. Lisboa: Edições 70, 1995.

KUMAR, Krishan. *Da Sociedade Pós-Industrial à Sociedade Pós-Moderna: Novas Teorias sobre o Mundo Contemporâneo*. Trad. Ruy Jungmann e Carlos Alberto Medeiros. 2.ed. Rio de Janeiro: Jorge Zahar, 2006.

LEDUR, José Felipe. *A realização do direito ao trabalho*. Porto Alegre: Sérgio Antônio Fabris, 1998.

──. *Direitos fundamentais sociais: efetivação no âmbito da democracia participativa*. Porto Alegre: Livraria do Advogado Ed., 2009.

LEIVAS, Paulo Gilberto Cogo. *Teoria dos direitos fundamentais sociais*. Porto Alegre: Livraria do Advogado., 2006.

LÉVY, Pierre. Prólogo e Introdução. In *A Inteligência Coletiva*. São Paulo: Loyola, 1998.

LIPOVETSKY, Gilles. *Os Tempos Hipermodernos*. Trad. Mário Vilela. São Paulo: Barcarolla, 2004.

LOBATO, Monteiro. Apelo aos nossos operários. In. LOBATO, Monteiro. *Fragmentos, opiniões e miscelâneas*. São Paulo: Globo, 2010.

LOPES, Glaucia Gomes Vergara. *A inserção do portador de deficiência no mercado de trabalho: a efetividade das leis brasileiras*. São Paulo: LTr, 2005.

LOPES, Laís Vanessa C. de Figueirêdo. Convenção da ONU sobre os Direitos das Pessoas com Deficiência: nova ferramenta de inclusão. *Revista do Advogado*, São Paulo, v. 27, n. 95, dez. 2007.

MACHADO, Carlos Augusto Alcântara. *A fraternidade como categoria jurídico-constitucional*. Conferência proferida no Congresso Nacional – "Direito e Fraternidade", promovido pelo Movimento Comunhão e Direito, em 26 de janeiro de 2008, no Auditório Mariápolis Ginetta, Vargem Grande Paulista/São Paulo. Disponível em: <http://www.portalciclo.com.br/downloads/artigos/direito/CarlosMacha do_AFraternidadeComoCategoriaJuridicoConstitucional.pdf>. Acesso em: 27 jan. 2014.

MADRUGA, Sidney. *Pessoas com deficiência e direitos humanos: ótica da diferença e ações afirmativas*. São Paulo: Saraiva, 2013.

MALHEIROS, Antonio Carlos; BACARIÇA, Josephina e VALIM, Rafael (Coord.) *Direitos humanos: desafios e perspectivas*. Belo Horizonte: Fórum, 2011.

MARANHÃO, Rosanne de Oliveira. *O portador de deficiência e o Direito do Trabalho*. São Paulo: LTr, 2005.

MARCUSE, Herbert. *Cultura e sociedade*. v. II. Rio de Janeiro: Paz e Terra, 1998.

MARINONI, Luiz Guilherme; MAZZUOLI, Valério de Oliveira. *Controle de convencionalidade: um panorama latino-americano: Brasil, Argentina, Chile, México, Peru, Uruguai*. Brasília/DF: Gazeta Jurídica, 2013.

MARQUES, Rafael da Silva. *O Valor Social do Trabalho na Ordem Econômica, na Constituição Brasileira de 1988*. São Paulo: LTr, 2007.

──. O valor social do trabalho na ordem econômica. In. *Cadernos da ANAMATRA IV*, Porto Alegre, n. 3, abr. /jun. 2007.

MARTINS, Sérgio Pinto. *Direitos fundamentais trabalhistas*. São Paulo: Atlas, 2008.

MAYER, Jean. El concepto de derecho al trabajo en las normas internacionales y en la legislación de los Estados Miembros de la OIT. *Revista Internacional del Trabajo*, v. 104, n.2, p.282, abri/jun 1985.

MAZZUOLI, Valério de Oliveira. *Tratados Internacionais*. São Paulo: Juarez Oliveira, 2001.

──. *Curso de direito internacional público*. 3. ed. rev. atual. e ampl. São Paulo: RT, 2009.

──. *A tese da Supralegalidade dos Tratados de Direitos Humanos*. Disponível em: <http://ww3.lfg.com.br/public_html/article.php?story=20090403112247716&mode=print#1>. Acesso em: 04 fev. 2014.

MEDEIROS, Noé de. *Os direitos humanos e os efeitos da globalização*. Barueri, SP: Minha Editora, 2011.

MELLENDO, Tomás; MILLAN-PUELLES, Lourdes. *Dignidad: ¿Una palabra vacía?* Navarra: Ediciones Universdidad de Navarra S A, 2000.

MELO, Sandro Nahmias. *O direito ao trabalho da pessoa portadora de deficiência: o princípio constitucional da igualdade: ação afirmativa*. São Paulo: LTr, 2004.

MELO FILHO, Hugo Cavalcanti. Impulsos Tecnológicos e Precarização do Trabalho. *Revista da Amatra VI*, ano IV, n. 11, p. 05-08, 2000.

MELLO, Celso de Albuquerque. A proteção dos direitos humanos sociais nas nações unidas. In. SARLET, Ingo Wolfgang (Org.). *Direitos fundamentais sociais: estudos de direito constitucional, internacional e comparado*. Rio de Janeiro: Renovar, 2003.

MENDES, Gilmar. *A Jurisdição constitucional no Brasil e seu significado para a liberdade e a igualdade*. Disponível em: <http://www.stf.jus.br/arquivo/cms/noticia ArtigoDiscurso/anexo/munster_port.pdf>. Acesso em: 27 jan. 2014.

MENDONÇA, Luiz Eduardo Amaral de. *Lei de cotas: pessoas com deficiência: a visão empresarial*. São Paulo: LTr, 2010.

MENGER, Anton. *El derecho al producto íntegro del trabajo. El estado democrático del trabajo*. Granada: Comares, 2004.

MIRANDA, Jorge. *Manual de Direito Constitucional*. 2.ed. tomo IV (Direitos Fundamentais). Coimbra: Coimbra Editora, 1998.

MONTAL, Zélia Maria Cardoso. O trabalho como Direito Humano da Pessoa com deficiência. In. Piovesan, Flávia; CARVALHO, Luciana Paula Vaz de. *Direitos Humanos e Direito do Trabalho*. São Paulo: Atlas/SP, 2010.

MORAES, Renata Luciana. *Teletrabalho muda relações empregatícias*. Disponível em: <http://www.con jur.com.br/2009-mai-25/teletrabalho-mudar-relacoes-entre-empregador-empregado>. Acesso em: 08 set. 2009.

MORAES FILHO, Evaristo de. O direito ao trabalho. In. *Conferência Nacional da Ordem dos Advogados do Brasil*. Rio de Janeiro: Asgráfica, p. 674, 11-16 ago. 1974.

NASCIMENTO, Amauri Mascaro. *Direito do trabalho na Constituição de 1988*. São Paulo: Saraiva, 1989.

———. *Curso de direito do trabalho*. 21. ed. rev. e atual. São Paulo: Saraiva, 2006.

NEME, Eliana Franco. Dignidade, Igualdade e Vagas Reservadas. In. ARAUJO, Luiz Alberto David. (Coord.). *Defesa dos Direitos das Pessoas Portadoras de Deficiência*. São Paulo: RT, 2006.

NETTO, Alexandre Annenberg. Infovias. In. *CGI.br (Comitê Gestor da Internet no Brasil). Pesquisa sobre o uso das tecnologias da informação e da comunicação 2008*. São Paulo, 2009.

NILLES, Jack M. *Fazendo do teletrabalho uma realidade: um guia para telegerentes e teletrabalhadores*. São Paulo: Futura, 1997.

OLIVEIRA, Sidnei. *Geração Y: ser potencial ou ser talento? faça por merecer*. São Paulo: Integrare, 2011.

PANSIERI, Flávio. *Eficácia e vinculação dos direitos sociais: reflexões a partir do direito à moradia*. São Paulo: Saraiva, 2002.

PASTORE, José. *Oportunidades de trabalho para portadores de deficiência*. São Paulo: LTr, 2000.

PEDREIRA, José Pinho. O teletrabalho. *Revista LTr*, São Paulo, v. 64, n. 5, maio 2000.

PEREZ DE LOS COBOS, Francisco e THIBAULT ARANDA, Javier. *El teletrabajo em España: perspectiva jurídico-laboral*. Madrid: Ministerio Del Trabajo y Asuntos Sociales, 2001.

PEZZELLA, Maria Cristina Cereser. *A eficácia jurídica na defesa do consumidor: o poder do jogo na publicidade: um estudo de caso*. Porto Alegre: Livraria do Advogado, 2004.

PEZZIMENTI, Rocco. Fraternidade: o porquê de um eclipse. In. BAGGIO, Antônio Maria (Org.). *O princípio esquecido 1: A fraternidade na reflexão atual das ciências políticas*. Trad. Durval Cordas, Iolanda Gaspar e José Maria de Almeida. Vargem Grande Paulista, SP: Cidade Nova, 2008.

PINTO, José Augusto Rodrigues; PAMPLONA FILHO, Rodolfo. *Repertório de conceitos trabalhistas: direito individual*. São Paulo: LTr, 2000. v. 1. Disponível em: <http://www.rmg.com.py>. Acesso em: 22 jun. 2010.

PINTO, José Nêumanne (seleção). *Os cem melhores poetas brasileiros do século*. 2.ed. São Paulo: Geração, 2004.

PIOVESAN, Flávia. *Direitos Humanos e o Direito Constitucional Internacional*. 5.ed. São Paulo: Max Limonad, 2002.

——. Ações afirmativas da perspectiva dos direitos humanos. *Cadernos de Pesquisa*, v. 35, n. 124, jan.-abr. 2005.

PRADO, Luiz Regis. *Comentários ao Código Penal*. 2.ed. São Paulo: Revista dos Tribunais, 2003.

RAWLS, John. *Uma teoria da justiça*. Trad. Almiro Pisetta e Lenita Esteves. São Paulo: Martins Fontes, 2002.

REALE, Miguel. Introdução à primeira edição. In. BAGOLINI, Luigi. *Filosofia do trabalho*. Trad. João da Silva Passos. 2.ed. São Paulo: LTr, 1997.

ROCHA, Marcelo Oliveira. *Direito do Trabalho e Internet*. São Paulo: Livraria e Editora Universitária de Direito, 2004.

ROMITA, Arion Sayão. Trabalho do deficiente. *Revista Consulex*, n. 5, São Paulo, maio 2000.

RULLI NETO, Antonio. *Direitos do portador de necessidades especiais: guia para o portador de deficiência e para o profissional do direito*. 2.ed. São Paulo: Fiúza, 2002.

SCHAFF, Adam. *A Sociedade Informática: as consequências da segunda revolução industrial*. Trad. Carlos Eduardo Jordão Machado e Luiz Artuno Obojes. 4.ed. São Paulo: Brasiliense, 1995.

SANTOS, Boaventura de Sousa. *A globalização e as ciências sociais*. São Paulo: Cortez, 2005.

SARLET, Ingo Wolfgang. *A eficácia dos direitos fundamentais: uma teoria geral dos direitos fundamentais na perspectiva constitucional*. 10.ed.rev.atual.e ampl. Porto Alegre: Livraria do Advogado, 2010.

——. As dimensões da dignidade da pessoa humana: construindo uma compreensão jurídico-constitucional necessária e possível. In. SARLET, Ingo Wolfgang (Org.). *Dimensões da dignidade: ensaios de filosofia do direito e direito constitucional*. Trad. Ingo Wolfgang Sarlet, Pedro Scherer de Mello Aleixo, Rita Dostal Zanini. Porto Alegre: Livraria do Advogado, 2007.

——. *Dignidade da pessoa humana e direitos fundamentais na Constituição Federal de 1988*. 9.ed. rev. atual. Porto Alegre: Livraria do Advogado, 2011.

SARMENTO, Daniel. *Direitos Fundamentais e Relações Privadas*. Rio de Janeiro: Lumen Juris, 2006.

SASSAKI, Romeu Kazumi. *Inclusão. Construindo uma sociedade para todos*. Rio de Janeiro: WVA, 1997.

——. Terminologia sobre deficiência na era da inclusão. *Revista Nacional de Reabilitação*, São Paulo, ano 5, n. 24, p. 6-9, jan./fev. 2002.

——. Atualizações semânticas na inclusão de pessoas: Deficiência mental ou intelectual? Doença ou transtorno mental? *Revista Nacional de Reabilitação*, ano IX, n. 43, mar./abr. 2005.

SCHÄFER, Jairo. *Classificação dos direitos fundamentais: do sistema geracional ao sistema unitário: uma proposta de compreensão*. 2.ed.rev.atual. Porto Alegre: Livraria do Advogado, 2013.

SEGALLA, Juliana Izar Soares da Fonseca; ARAUJO, Luiz Alberto David. A Utilização do Novo Conceito de Pessoa com Deficiência: Uma Advertência Necessária. *Direitos Fundamentais & Justiça*, Porto Alegre: HS Editora, ano 6, n. 19, p. 145-159, abr./jun 2012.

SEN, Amartya. *A ideia de justiça*. Trad. Denise Bottamann, Ricardo Doninelli Mendes. São Paulo: Companhia das Letras, 2011.

SILVA, Frederico Silveira e. O teletrabalho como novo meio de laborar e sua compatibilidade com o ordenamento jurídico. In. *Revista CEJ*, Brasília DF, n. 27, p. 102-109, 2004.

SILVA, José Afonso da. *Comentário contextual à constituição*. São Paulo: Malheiros, s.d.

——. *Aplicabilidade das Normas Constitucionais*. 3.ed. São Paulo: Malheiros, 1999.

——. *Curso de Direito Constitucional*. 23.ed. São Paulo: Malheiros, 2004.

SILVA, Josué Pereira da. *Trabalho, cidadania e reconhecimento*. São Paulo: Annablume, 2008.

SILVA, Maria Isabel da. *Por que a terminologia "pessoas com deficiência"?* Disponível em: <http://www.selursocial.org.br/pages/display/porque>. Acesso em: 18 abr. 2011.

SILVA NETO, Manoel Jorge e. *Proteção constitucional dos interesses trabalhistas difusos, coletivos e individuais homogêneos.* São Paulo: LTr, 2001.

SILVA, Otto Marques da. *A epopeia ignorada: a pessoa deficiente na história do mundo de ontem e hoje.* São Paulo: Centro São Camilo de Desenvolvimento em Administração da Saúde (CEDAS), 1986.

TOFFLER, Alvin. *Powershift: as mudanças do poder – um perfil da sociedade do século XXI pela análise as transformações na natureza do poder.* São Paulo: Record, 1995.

VALENTIM, João Hilário. Teletrabalho e relações de trabalho. *Revista do Ministério Público do Trabalho*, Brasília. v. 10, n. 19, mar. 2000. p. 100.

VERNANT, Jean-Pierre. *Mito e pensamento entre os Gregos.* Trad. Haiganuch Sarian. 2.ed. Rio de Janeiro: Paz e Terra, 2002.

VILLEY, Michel. *Estúdios em torno a la nocion de derecho subjetivo.* Trad. Alejandro Guzmán Brito e outros. Chile: Ediciones Universitárias de Valparaiso, 1976.

——. *O direito e os direitos humanos.* Trad. Maria Ermantina de Almeida Prado Galvão. São Paulo: WMF Martins Fontes, 2007.

WANDELLI, Leonardo Vieira. *O direito humano e fundamental ao trabalho: fundamentação e exigibilidade.* São Paulo: LTr, 2012.

WERNECK, Cláudia. *Ninguém mais vai ser bonzinho, na sociedade inclusiva.* 2.ed. Rio de Janeiro: WVA, 2000.

——. *Manual sobre Desenvolvimento Inclusivo.* Rio de Janeiro: WVA, 2005.

WINTER, Vera Regina Loureiro. *Teletrabalho: uma forma alternativa de emprego.* São Paulo: LTr, 2005.

Impressão:
Evangraf
Rua Waldomiro Schapke, 77 - POA/RS
Fone: (51) 3336.2466 - (51) 3336.0422
E-mail: evangraf.adm@terra.com.br